MISSION AU SÉNÉGAL

ET AU SOUDAN

SAINT-LOUIS. — Le Pont Faidherbe, inauguré en octobre 1897.

CHAMBRES DE COMMERCE

MISSION AU SÉNÉGAL
ET AU SOUDAN

Voyage de M. André LEBON, Ministre des Colonies

(OCTOBRE-NOVEMBRE 1897)

RAPPORT

PRÉSENTÉ

PAR EUG. LAGRILLIÈRE-BEAUCLERC

Délégué des Chambres de Commerce du Nord

AU SÉNÉGAL ET AU SOUDAN

13 photogravures. — 2 cartes.

LIBRAIRIE CH. TALLANDIER

PARIS — 197, BOULEVARD SAINT-GERMAIN, 197, — PARIS

Maison à Lille, 11-13, rue Faidherbe.

Je dédie ce rapport à

MM.

JULIEN LE BLAN, *président de la Chambre de Commerce de Lille ;*

FAUCHEUR, *vice-président de la Chambre de Commerce de Lille;*

HERBART, *président de la Chambre de Commerce de Dunkerque ;*

SCULFORT, *président de la Chambre de Commerce d'Avesnes ;*

WEIL-MALLEZ, *président de la Chambre de Commerce de Valenciennes;*

JULIEN LAGACHE, *président de la Chambre de Commerce de Roubaix;*

JOURDAIN, *président de la Chambre de Commerce de Tourcoing ;*

CAVROY, *président de la Chambre de Commerce de Douai;*

CORNAILLES, *vice-président de la Chambre de Commerce de Cambrai.*

représentants officiels des Chambres de Commerce qui ont bien voulu m'honorer de leur confiance, en me désignant comme leur délégué au Sénégal et au Soudan.

E. L.-B.

LE SÉNÉGAL

CHAPITRE PREMIER

GÉOGRAPHIE PHYSIQUE ET POLITIQUE

Il est assez difficile de fixer avec une absolue précision les limites de notre colonie du Sénégal. On peut, toutefois, en déterminer la situation de la façon suivante :

Comme limite ouest, l'Océan Atlantique.

Comme limite nord, le parallèle situé à 16° nord de l'Équateur.

A l'est, le bassin du Niger.

Au sud-est, le massif du Fouta-Djallon.

Au sud, la Guinée portugaise.

En résumé, le Sénégal comprend tout le littoral de l'Atlantique depuis le Cap Blanc jusqu'à la Crique Jinnak, au nord de la Gambie et depuis l'embouchure de la rivière San Pedro au sud de l'estuaire de la Gambie, jusqu'à la frontière nord de la Guinée portugaise.

Au nord du Sénégal s'étend le Sahara; au sud les forêts équatoriales.

C'est dans le massif du Fouta-Djallon que la plupart des rivières arrosant nos colonies de l'Afrique occidentale prennent leur source, y compris le Sénégal, fleuve qui sert de ligne de démarcation à deux races très différentes : la race blanche et la race noire.

Les anciens prenaient le fleuve le Sénégal pour une des branches du Nil. Cette erreur existait encore au moyen âge et dans son intéressant livre sur le Sénégal et le Soudan, Paul Gaffarel mentionne ce fait que Cadamosto appelait le Sénégal tantôt Gihon, tantôt Nil, tantôt Niger.

Le vrai nom du fleuve est l'Ovidech. C'est un Génois, nommé Lanzarote, qui, en 1275, donna au fleuve inconnu dont il remontait le cours, le nom d'un maure rencontré sur ses rives. Ce maure s'appelait *Sénéga*. On en a fait Sénégal.

Le cours du Sénégal, de sa source à son embouchure, comprend une étendue de dix-sept cents kilomètres.

Sur la rive droite se trouvent les Maures.

Sur la rive gauche habitent les Noirs.

Le fleuve est la voie la plus directe, la plus facile pour le transport des marchandises. Navigable sur un parcours de 920 kilomètres (de Saint-Louis à Kayes (Soudan), tout se rattache à lui, culture, commerce, industrie.

Le Sénégal est une voie de pénétration dont il est difficile, à l'heure actuelle, d'estimer — même très approximativement — les effets.

Depuis quelques années, il se rattache à une ligne ferrée actuellement en construction et qui doit être le trait d'union entre le Sénégal et le Niger. Cette ligne qui doit avoir une longueur totale de 558 kilomètres (132 kilomètres sont actuellement construits), nous permettra de pénétrer au centre même de l'Afrique, et en tout cas de canaliser en quelque sorte les richesses de notre colonie du Soudan, richesses inappréciables et encore ignorées à l'heure présente.

Le fleuve le Sénégal n'est pas d'une navigation facile.

Il est sujet à des crues et à des baisses périodiques coïncidant avec les saisons, aussi n'est-il navigable jusqu'à Kayes que pendant une partie de l'année.

En temps de crue on peut même aller au delà de Kayes. Certains chalands atteignent les chutes du Félou.

Les points principaux où les bateaux remontant le fleuve font escale, sont : Dagana, Podor (le point le plus chaud du

Sénégal. On y a constaté jusqu'à 53°). Matam, Kaedy, Bakel. Au-dessus de Bakel on entre au Soudan.

Le confluent de la Falémé qui sert en quelque sorte de ligne de démarcation entre les deux colonies, se trouve un peu au nord de Bakel.

CHAPITRE II

LE CLIMAT

Le climat du Sénégal est très loin de mériter la mauvaise réputation que certains voyageurs lui ont faite.

Il y a, là-bas, deux saisons : la saison sèche et la saison pluvieuse.

La saison sèche commence fin novembre et se termine fin juin; voici le tableau qu'en fait Paul Gaffarel :

« Les brises de terre et de mer alternent sur les côtes; mais en janvier et jusqu'à la fin de mars, commence à souffler un vent de terre sec et brûlant que l'on nomme « Harmattan ». Ce vent est si violent, que les oiseaux de terre sont fréquemment poussés au large et cherchent un refuge sur les mâts de navires qui ne sont pas trop éloignés. Une poussière rougeâtre couvre les voiles et les gréements des vaisseaux qui longent la côte. A terre, les écorces des arbres se fendillent et la sève coule.

« C'est pourtant la saison la plus favorable aux Européens qui peuvent, au moins une partie de la journée, affronter sans danger les rayons du soleil. »

Avec le mois de juillet commence l'hivernage qui correspond à notre été. C'est la saison des pluies et des orages et c'est la plus dangereuse, car elle apporte avec elle les fièvres paludéennes.

La chaleur, quoique un peu moins élevée que pendant la saison sèche, est plus pénible à supporter. C'est une chaleur humide, lourde et malsaine. Il est rare que les Européens installés au Sénégal risquent deux hivernages de suite.

Toutefois, en quittant le littoral et en remontant vers le Soudan, le climat est sensiblement meilleur et l'Européen pourrait, en s'accordant quelques mois de villégiature vers les hauts plateaux, vivre en parfaite santé au Sénégal, sans avoir besoin de venir tous les deux ou trois ans respirer l'air de la métropole.

Vers le commencement du mois de juin, à l'approche de l'hivernage, le fleuve le Sénégal et la Gambie grossissent dans d'énormes proportions.

Le Sénégal déborde sur tous les terrains bas qui le bordent.

A Bakel, près du Soudan, il y a des différences de niveau de dix à quinze mètres en un mois. Où existait un gué, se trouve une profondeur d'eau capable de supporter un paquebot de fort tonnage.

De cette crue considérable augmentant la rapidité du courant, se dirigeant vers la mer, il résulte que l'eau salée qui, pendant la saison sèche, remonte parfois à 30 et 40 kilomètres de l'embouchure du Sénégal, est refoulée sur un très large espace.

L'eau reste ainsi, à peu près potable pendant plusieurs mois; mais quand viennent les mois de septembre et d'octobre, la baisse du niveau du fleuve se produit et les espaces couverts par les eaux font place à d'immenses marécages aux miasmes délétères et la *malaria*, sorte de fièvre paludéenne, fait son apparition.

En résumé, étant données les conditions climatériques du Sénégal, il est difficile d'espérer en faire une colonie d'émigration et de rêver grossir le chiffre de la population par des croisements avec la race indigène pouvant produire des familles franco-sénégalaises, mais nous possédons là une colonie d'exploitation dont la métropole peut tirer d'énormes profits, tout en rendant de grands services à la colonie, ainsi que nous le verrons au cours de cette étude.

VÉGÉTAUX[1]

Longtemps, le commerce des esclaves a été le principal trafic du Sénégal. Il y a à peine un siècle, on dirigeait sur l'Amérique près de deux cents mille noirs par an.

Les Anglais supprimèrent l'esclavage de leur colonie, et du même coup, la traite des nègres en 1838.

C'est en 1848 que la France adopta également la suppression de la traite, ce qui modifia profondément les conditions du commerce dans notre colonie.

Les Européens s'occupèrent alors de tirer du Sénégal les produits rémunérateurs de la contrée. La poudre d'or, la gomme, les bois rares, les condiments, etc., furent l'objet du négoce avec la métropole.

Aujourd'hui que la production du sol est mieux connue, des maisons de Bordeaux, commencent à étendre leur cercle d'action commerciale bien au delà des limites où cette dernière s'était, en quelque sorte, concentrée jusqu'en ces derniers temps.

Il me paraît utile de donner ici un aperçu des produits du sol, avec quelques explications sur chacun d'eux.

Pour la clarté de ce qui va suivre, j'ai cru devoir diviser ces divers produits par groupes :

1° *Les plantes gommifères.* — Caoutchouc, gutta, gommes arabiques.

2° *Les plantes textiles.* — Coton, sansévièra, baobab, roniers.

1. Une collection de ces produits est exposée au musée commercial de Dunkerque.

3° *Les plantes aromatiques.* — Vanille, thé de Gambie, poivre de Guinée, piments.

4° *Les plantes alimentaires.* — Mil, riz, manioc, maïs, haricots, gombo, arrow-root.

5° *Les plantes oléagineuses.* — Arachides, palmiers à huile, ricin, pignon d'Inde, sésame, huile de lin, touloucouna.

6° *Les plantes officinales.* — Café nègre, kinkéliba, séné, strophantus, guiera, quinine indigène, réglisse, batientior.

CHAPITRE III

PLANTES GOMMIFÈRES

Gomme arabique. — Parmi les productions du Sénégal, la gomme fut longtemps l'unique produit commercial de la colonie.

Cette gomme transsude du tronc des acacias sénégalais. Ces acacias se divisent en plusieurs catégories :

Il y a l'ACACIA VEREK (légumineuses) dont la gomme forme le principal commerce du fleuve. *L'acacia verek* se rencontre dans tous les pays serères. On en trouve également au Diobas.

L'ACACIA ADANSONIA appelé aussi *Goniaké*. Le bois du tronc est dur, résistant, et la marine l'emploie pour les pièces devant subir une courbure.

Les forêts de gommiers furent pendant des siècles, des lieux respectés. Il était interdit de briser une branche de l'acacia sous les peines les plus sévères.

Au XVIIIe siècle, les Hollandais eurent conscience des services que pouvait rendre la substance mucilagineuse découlant des troncs et l'Europe fit son profit de la découverte en employant la gomme pour l'apprêt des étoffes et des vernis.

Ce fut, à une certaine époque, un des produits les plus exportés.

Les statistiques établissent que la production de la gomme qui était en 1828, de 1,491,809 kilogrammes atteignait en 1859, 4,610,509 kilogrammes. En 1871, le chiffre tombait à 3,161,906 kilogrammes. L'exploitation de la gomme est très irrégulière et comme la récolte en est difficile, les noirs ne s'y adonnent que lorsqu'ils sont, en quelque sorte, forcés par les nécessités de la vie, de se livrer à ce genre de travail.

Gutta. DÔB FEMELLE. *Ficus sycomorus.* (Morées.) — Ce figuier est un arbre à larges feuilles. Il donne une sorte de gutta dont on ne connaît pas bien les qualités à l'heure actuelle.

Des échantillons ont été envoyés en France au mois de juillet 1897 par le R. P. Sébire, supérieur de la mission de Thiès, afin de mettre à l'étude ce produit.

En langage volof, le dôb femelle s'appelle *heul.*

DÔB MALE. *Ficus religiosa.* (Morées.) — Le caoutchouc de ce ficus est exporté en grande quantité par une maison de commerce du Sénégal.

Le lait se coagule au soleil sur l'arbre même. L'arbre devient très grand et est abondant dans une partie du Cayor.

Volof : Dôb bou gor.

Indigo. *Indigofera tinctoria.* (Légumineuses.) — L'indigofère croît partout au Sénégal. Il ne nécessite aucun soin, subit indifféremment toutes les températures et tous les vents. Il peut donner jusqu'à trois récoltes par an.

Les teintures obtenues par ce produit sont plus brillantes que les teintures obtenues par l'indigo du Bengale.

Les pains d'indigo se vendent 10 centimes sur les marchés du Baol et du Cayor. La préparation demande beaucoup d'eau pure.

Cailcédrat. *Kaya Senegalensis.* (Méliacées.) — Le cailcédrat est en quelque sorte l'acajou du Sénégal. Son bois sert aux constructions navales et à l'ébénisterie.

La gomme qui découle du tronc de l'arbre est de qualité inférieure. Toutefois, elle se vend couramment en Europe pour gommer les tissus.

Les cailcédrats sont si communs dans la partie ouest du Sénégal qu'on en laisse perdre la gomme.

Les propriétés de l'écorce du cailcédrat lui ont fait donner le nom de QUINQUINA DU SÉNÉGAL.

Néanmoins, malgré plusieurs tentatives, le produit n'a pas pris place sur les marchés européens.

Caoutchouc de Céara (Brésil). *Manihol Glaziovi.* (Euphorbiacées.) — Caoutchouc de bonne qualité, importé du Brésil en Gambie, en Casamance et dans le Cayol.

Les pères de la mission de Thiès le cultivent avec succès. Il se multiplie par graines et par boutures. C'est une espèce à propager, car elle prend très bien au Sénégal.

Tol. LIANE, CAOUTCHOUC INDIGÈNE. *Landolphia Heudelotie.* (Apocynées.) — Cette liane est abondante au Cap Vert, au Baol et dans la Casamance. — Elle donne une *très belle espèce de caoutchouc.*

Selon sa pureté, on la classe en trois catégories.

Le latex que l'on fait couler par une incision pratiquée sur l'écorce se coagule rapidement avec de l'eau salée.

Lodo. GUTTA (?). *Ficus microphylla.* (Morées.) — Ce figuier vit en parasite sur certains acacias du Sénégal. Il tue l'arbre sur lequel il s'est implanté et devient grand. Le latex de ce ficus donne une sorte de *gutta* encore mal étudiée.

On obtient dans le Cayor, une variété à feuilles luisantes plus larges que les feuilles du Lodo commun.

Il paraît que la gutta produite par cette variété de ficus est de qualité supérieure à l'autre.

Mada. CAOUTCHOUC INFÉRIEUR. *Vahea Senegalensis.* (Apocynées.) — Liane à suc abondant, mais son caoutchouc, d'abord collant, devient dur comme une pierre. On pense toutefois que ce caoutchouc peut avoir une certaine valeur.

Cette liane est commune dans le Baol, dans le Cayor et surtout à Thiès.

Glu. *Ficus laurifolia.* (Morées.) — Ce figuier est très peu répandu au Sénégal. On en rencontre quelques arbres à Thiès et à Sebikotane. Son suc est une glu extrêmement forte, mais elle est peu abondante.

On n'en fait aucun commerce étant donnée la très faible quantité de production.

CHAPITRE IV

PLANTES TEXTILES

Rônier. *Borassus flabelliformis.* (Palmiers.) — Le Rônier donne un bois dur et résistant, très employé dans la plupart des constructions hydrauliques. Ce palmier se trouve en assez grande abondance sur les rives du fleuve. Du côté Maure, c'est-à-dire sur la rive droite du Sénégal, des traités ont été passés avec les Maures pour laisser à notre colonie, la propriété des nombreux rôniers placés en bordure.

Le fruit de cet arbre est entouré d'un réseau filamenteux d'un goût sucré.

La famille de ce palmier sert à faire de nombreux ouvrages de vannerie tels que : corbeilles, nattes, paniers, etc.

Baobab. *Adansonia digitata.* (Malvacées.) — Le baobab est un arbre gigantesque dont le tronc, à sa base, a parfois plus de sept mètres de circonférence.

Malheureusement, le boabab donne un bois peu résistant. L'écorce de cet arbre est fibreuse et donne des cordes de peu de solidité.

Coton indigène. *Gossypium punctatum.* (Malvacées.) — Le cotonnier est abondant au Sénégal, surtout dans les pays Sérères. Ce sont les femmes qui, généralement, le cardent et le filent. Les tisserands indigènes en font ensuite des vêtements qu'ils teignent à l'indigo.

Une variété de cotonnier à soie courte est cultivée. Le gouvernement du Sénégal désirerait que des essais de culture de coton à longue soie fussent faits. La tentative pourrait avoir de gros résultats et ouvrir un large débouché au commerce de la région.

Quelques échantillons de cotons sénégalais ont été introduits sur les marchés français mais sans grand succès jusqu'alors. Ce coton était de qualité inférieure. On pense qu'il y a beaucoup de la faute des noirs qui apportent une extrême négligence dans le triage de la graine.

On fait en ce moment des tentatives de culture dans le Baol et principalement dans les environs de Dakar.

On trouvera plus loin une étude spéciale du coton indigène.

Sanseviera. *Senegalensis* (?). (Hémodoracées.) — Plante textile abondante autour des forêts de palmiers à huile. Chaque tresse est formée par une feuille.

Plante intéressante mais peu connue.

CHAPITRE V

PLANTES AROMATIQUES

Poivre de Guinée. *Uvaria æthiopica.* (Anonacées.) – Ce poivrier pousse au Cap Vert. Les indigènes l'emploient comme condiment. Ils s'en servent aussi comme remède contre les fièvres et les maux de ventre.

En volof : *N'diar.*

Piments. *Capsicum annum.* — Condiments très employés par les indigènes. On en cultive plusieurs variétés qui produisent beaucoup de fruits.

En volof : *Kani.*

Thé de Gambie. *Lippia adoensis.* (Verbénacées.) — Thé très abondant dans le Cayor. On le trouve en grande quantité dans la forêt avoisinant Thiès. Son parfum, inférieur à celui du thé de Chine, est néanmoins estimé.

En volof : *Douté.*

Vanille. *Vanilla planifolia.* — Très peu cultivée au Sénégal. Le R. P. Sebire, supérieur de la mission de Thiès, pense toutefois que la vanille réussirait aux environs des forêts de palmiers.

CHAPITRE VI

PLANTES ALIMENTAIRES

Mil. — Le mil qui constitue la base de l'alimentation des indigènes est cultivé sur toute l'étendue du Sénégal.

C'est le produit alimentaire le plus répandu et non seulement le naturel s'en sert pour sa nourriture, mais aussi pour celle des chevaux auxquels le mil donne de la force.

Parmi les variétés de mil, il y a le *gros mil* (*sorghum vulgare*), le petit mil à barbes (*penicillaria spicata*, var. *barbata*) et le petit mil non barbu (*penicillaria spicata*).

En volof : le gros mil s'appelle. . . . Besi.
— le petit mil barbu. . . . . Sagno.
— le petit mil non barbu. . . Souna.

Arrow-root. *Maranta arundinacea.* (Zingiberacées.) — Cette plante produit une fécule excellente et très légère. Elle est très recherchée pour la nourriture des enfants et des malades. Elle prospère au Sénégal et sa culture prend actuellement une grande extension.

Maïs. *Zea mays.* (Graminées.) — L'espèce indigène est bonne. Autour des cases, endroits ordinairement très bien fumés, la culture du maïs donne de bons rendements.

Gombo. *Hibiscus esculentus.* (Malvacées.) — Le fruit de cet hibiscus est fort employé dans le couscous. On l'utilise aussi dans d'autres préparations alimentaires.

Haricots du Pays. *Dolichos unguiculatus.* (Légumineuses.) — Ce haricot, plus petit que le haricot de France, est semé d'ordinaire, dans les champs de mil, avant la récolte de ce dernier produit.

2

Le haricot indigène, très nourrissant, rend de grands services à la population.

En volof : Gniébé.

Magnoc. *Manihol dulcis.* (Euphorbiacées.) — La culture du manioc était presque inconnue des indigènes de l'intérieur il y a quelques années.

Le manioc aujourd'hui très apprécié est une garantie contre la famine, assez fréquente encore dans ces contrées pendant les années où le mil n'est pas bien venu.

La farine de manioc granulée fournit le tapioca ; on en tire aussi de l'amidon.

En volof : Gnambi.

CHAPITRE VII

PLANTES OLÉAGINEUSES

Arachide. *Arachis hypogea.* (Légumineuses.) — Parmi les plantes oléagineuses, celle qui constitue une des sources de richesses du Sénégal est l'*arachide* ou pistache, dont la culture est très répandue et dont l'excellente huile, très estimée en Europe, sert aux usages les plus divers.

L'arachide est une herbe rameuse et poilue. Les fleurs sont petites et jaunes. Les graines sont de la grosseur d'une noisette, mais plus allongées. Le fruit de l'arachide ne mûrit pas en plein air. La tige se courbe vers la terre, le fruit y pénètre à quelques centimètres de profondeur et c'est là où s'accomplit la maturation.

Dans l'arachide, rien ne se perd. Le fruit produit une huile grasse employé en Europe dans la confiserie, dans la savonnerie, le graissage des laines, l'éclairage, la confection des fromages de Gruyère et de Hollande, la fabrication de la margarine, etc...

L'amande sert à la nourriture des bestiaux ; la tige est utilisée comme fourrage aux bestiaux lorsqu'elle est fraichement coupée; desséchée, elle sert de combustible et d'engrais.

Dans son intéressant ouvrage sur le Sénégal, Paul Gaffarel prétend que l'amande pourrait être utilisée dans la fabrication du chocolat en remplacement du cacao.

Il existe en ce moment, au Sénégal, deux sortes d'*arachides* :

1° L'espèce indigène qui est à peu près la seule exportée et la seule connue;.

2° L'espèce égyptienne, importée tout récemment dans la colonie et qui semble d'une implantation très facile.

L'arachide qui croît un peu partout au Sénégal et qui forme actuellement une des branches les plus importantes du commerce de la région, était inconnue il y a cinquante ans.

Ce qui explique l'extension rapide prise par ce produit, c'est que sa culture n'exige presque pas de soins.

L'arachide pousse indifféremment dans tous les terrains et l'indigène, naturellement indolent, s'adonne volontiers à une culture aussi avantageuse. En quatre mois, la plante est semée et récoltée.

Il est certain que la culture de l'arachide qui s'étend déjà dans tout le Baol, le Cayor, le Saloum et le long de la voie ferrée unissant le port de Dakar à Saint-Louis, ne fera que s'étendre et prospérer.

Quelques-unes des maisons du Nord, entre autres la puissante maison Marchand, de Dunkerque, s'intéressent vivement à la culture de l'arachide et, à ce sujet, des relations commerciales existent, depuis plusieurs années déjà, entre le département du Nord et la colonie.

Pignon d'Inde. *Jatropha curcas.* (Euphorbiacées.) — Autrefois, le commerce du Sénégal avait encouragé la culture du pignon d'Inde. La graine de cette plante arborescente donne une huile à propriétés drastiques, comme celle du *croton*. Elle est bonne pour la fabrication des savons communs et on peut l'utiliser également pour le graissage des machines.

Ricin. *Ricinus communis.* (Euphorbiacées.) — La culture du ricin, quoique très encouragée par le gouvernement, n'a pas, jusqu'alors, donné de résultats vraiment appréciables. Les noirs montrent peu de zèle pour la culture de ce produit ; cela tient à ce que la graine est de petite dimension et difficile à séparer de son enveloppe.

Les espèces de Zanguebar, de Bourbon et d'autres régions ne présentent pas les inconvénients du ricin du Sénégal. La culture de ce dernier ne semble point devoir entrer de sitôt dans les produits commerciaux exportables.

Sésame. *Sesamum indicum.* (Sésamées.) — La sésame est un produit encore peu connu et qui, paraît-il, fournit une huile meilleure que celle de l'arachide. On la sème au mois d'août.

On peut s'en procurer à Rufisque au prix de 20 francs les 100 kilog.

Béraff. — Cette plante oléagineuse qui fournit une huile de qualité supérieure est formée par la graine de deux melons d'eau. Le *cucumis mels* et le *cucurbita miror.* Les indigènes consomment les pastèques crues, mais ils en conservent la graine qui, semée, produit le béraff.

Touloucouna. *Carapa touloucouna.* (Méliacées.)— Grand arbre qui pousse surtout dans la Casamance. Le fruit donne une huile antirhumatismale très employée dans la contrée.

Huile de bèn. — Cette huile est donnée par le *Moringa pterygosperma* (Moringées). L'huile de bèn est très recherchée pour l'horlogerie. L'arbre est employé dans tout le Sénégal pour faire des clôtures.

Palmier à huile. *Elœis guineensis.* (Palmiers.) — Le brou du fruit donne une huile rouge. L'amande intérieure s'exporte en France pour faire de l'huile commune destinée à graisser les machines.

CHAPITRE VIII

PLANTES OFFICINALES

Séné. *Cassia obovata.* (Légumineuses.) — Le séné du Sénégal est d'un usage utile, mais on est obligé de reconnaître que ce séné est inférieur à celui venant de Nubie ou de l'Inde.

Exportation nulle.

En volof, le séné s'appelle : Laydour.

Batientior. *Vernonia nigritiana.*— Plante très employée dans la médecine indigène. On en fait des infusions qui, prétend-t-on, font évacuer la bile.

Strophantus. *Strophantus hispidus.* (Apocynées.) — Ses fruits ressemblent à deux cornes de bœuf. Ils sont remplis de graines surmontées d'aigrettes et ces graines sont, paraît-il, un vrai succédané de la *digitale* dont elles ont toutes les propriétés.

Le strophantus présente de nombreuses variétés dont les qualités sont encore, à l'heure actuelle, insuffisamment étudiées.

Café nègre. *Cassia occidentalis.* (Légumineuses.) — Le café nègre a un bon arome, mais il est très inférieur toutefois, au café ordinaire consommé en France. Il est pourtant supérieur, comme goût, à la chicorée.

Ce café donne une boisson très saine. La racine passe pour être un bon fébrifuge. Cette plante est très abondante au Sénégal et des maisons de Bordeaux en ont commencé l'exportation en Europe.

En volof, le café nègre s'appelle : Adiana.

Quinine indigène. *Cassia micrantha.* (Légumineuses.) — Cette plante très peu connue est utilisée par les indigènes en guise de quinine.

Nous en avons soumis un échantillon à M. le Dr Calmette, directeur de l'Institut Pasteur de Lille, afin qu'il puisse en étudier les propriétés.

Guiera Senegalensis. — Cet arbuste qui pousse dans les forêts du Cayor fournit une tisane pectorale très précieuse dans les affections pulmonaires.

Kinkeliba. *Combretum Raimbaultie.* (Combretacées.) — Cette plante donne une très bonne infusion utilisée dans les fièvres paludéennes. Elle élimine l'excès de bile par les urines et rend de grands services dans les fièvres hématuriques.

Cette plante est très abondante à Thiès, où les pères de la mission la cultivent d'une façon très suivie.

En volof : « Séhéou. »

Réglisse. *Abrus precatorus.* — Liane abondante sur divers points du Sénégal. Les feuilles infusées sont utilisées dans les affections pulmonaires.

CHAPITRE IX

ARBRES ET PLANTES DIVERS

Dans la nomenclature des arbres et des plantes du Sénégal, nous nous sommes bornés à donner une courte description des cultures pouvant faire actuellement l'objet d'un commerce quelconque, mais à côté des produits de *rapport immédiat*, il existe également bon nombre d'arbres et de plantes qui croissent dans la colonie et pourront, par la suite, figurer dans la série des végétaux susceptibles d'être exportés avec chances de succès et donner d'appréciables résultats.

MM. Leprieur et Perrotet ont constaté, après plusieurs années d'exploration à travers la colonie, que le Sénégal comptait un total approximatif de seize cents végétaux, chiffre minime si on le rapporte à la vaste étendue de la contrée.

C'est ainsi que nous avons à signaler encore parmi les arbres :

Le *fromager* ou *bentenier*, arbre de large envergure, aux racines énormes et laissant entre elles de vastes excavations utilisées par les indigènes comme magasin de dépôt : les *cocotiers*, arbres importés d'Amérique, tout à fait inconnus dans la colonie, à la fin du XVIIe siècle ; les *dattiers* fréquents aux environs des rives de la Falémé, rivière servant de ligne de démarcation sur une partie de son parcours, entre le Sénégal et le Soudan; les *palétuviers* qui abondent surtout sur le littoral océanique; le *Karité (Bassia Perkii)* nommé aussi l'arbre à beurre, par suite des matières grasses contenues dans sa châtaigne; le **Kola** *(sterculia acuminata)*, dont la noix sert à la préparation de vins aromatiques destinés à la réparation des forces épuisées. La noix de Kola, très amère au goût, possède des propriétés fort connues des indigènes et même de certains européens qui, peu à peu, s'habituent à ce produit dont les effets réparateurs sont appréciables quelques instants après leur absorption. C'est également un préservatif contre la dysenterie.

La noix de Kola semble appelée à un certain avenir commercial, car elle est déjà entrée dans la thérapeutique et ses bienfaisants effets commencent à être connus.

Parmi les plantes, mentionnons le *froment* et le *riz*, qui servent à l'alimentation, mais dans des proportions moindres que le *mil*.

Le *tabac*, dont deux espèces sont cultivées; quelques variétés de *soies végétales;* les *sorgho à sucre*, d'importation récente et dont la culture semble réussir, etc., etc.

CHAPITRE X

APPRÉCIATIONS GÉNÉRALES

SUR LES CULTURES AU SÉNÉGAL

Le voyageur qui se rend du Sénégal au Soudan par la voie fluviale — la seule pratique pour l'instant — remarque combien les cultures révèlent d'attention et de soin au fur et à mesure que l'on s'éloigne de Saint-Louis.

Dans toutes les contrées habitées par les populations sérères, l'agriculture est en honneur et tout en constatant le côté un peu primitif des méthodes de culture, on est obligé de reconnaître que cette race d'indigènes est accessible aux progrès réalisés dans la branche agricole et s'efforce de profiter des découvertes européennes pour améliorer les procédés employés jusqu'alors par les agriculteurs sénégalais.

Plusieurs écoles d'agriculture ont été fondées dans le but d'aider à la diffusion des diverses méthodes de culture et ces écoles sont en général, assez suivies, par de jeunes indigènes désireux de s'instruire.

Un professeur d'agriculture, M. Enfantin, vient même d'être envoyé de France pour diriger les nouvelles expériences.

Le Sénégal, par sa situation, par le peu de durée de la saison des pluies, par les débordements fréquents et irréguliers de son fleuve, est une de nos colonies les moins favorisées au point de vue des résultats à attendre de l'agriculture.

Néanmoins l'élevage du gros bétail pourrait s'y faire dans d'excellentes conditions.

Il est à remarquer que la race Peul et la plupart des indigènes habitant la région nord de la Sénégambie, se livrent avec succès à l'élevage des troupeaux.

Il y a, dans cette direction, quelque chose à tenter pour les Européens ne redoutant pas les déplacements et ne reculant pas devant les premiers frais d'un essai qui pourrait, à notre point de vue, donner par la suite de merveilleux résultats.

Il est bien entendu que nous ne formulons ici des idées de ce genre que sous réserve, car si nous nous plaçons sur le terrain des probabilités, nous invitons néanmoins tous ceux qui seraient partisans d'essais de ce genre à se renseigner préalablement auprès du gouvernement du Sénégal.

M. Chaudié, le très distingué gouverneur général de nos colonies de l'Afrique occidentale, et son habile directeur de l'Intérieur, M. Th. Bergès, se feront certainement un plaisir de donner à nos compatriotes, tous les renseignements de nature à les guider dans la voie des tentatives possibles, soit en matière de culture, soit en matière d'élevage.

CHAPITRE XI

LES MINÉRAUX

On connaît fort mal, pour l'instant, les richesses minérales du Sénégal. Les noirs, habitant les rives de la Falémé, ont apporté à Saint-Louis des échantillons de terre contenant du mercure à l'état natif. Le fer est tellement abondant qu'on le trouve à la surface du sol. La proportion du minerai est équivalente à environ deux tiers de la masse.

Paul Gaffarel cite ce fait que les soldats d'Ahmadou ayant manqué de balles, quelques-uns d'entre eux ramassèrent des fragments de fer qu'ils trouvèrent à ras du sol, et en une nuit ils fabriquèrent plusieurs milliers de projectiles.

Actuellement, les indigènes seuls récoltent le fer, et ils se bornent à ce qui peut leur être utile pour leurs besoins personnels.

On pense généralement qu'il y a au Sénégal de très vastes étendues dont le fer constitue, en quelque sorte, le sous-sol et comme on n'en a jamais tenté l'exploitation, peut-être y aurait-il lieu, à ce sujet, de faire une étude des terrains.

Des ingénieurs prétendent qu'il y a là des richesses inexplorées à la disposition de ceux qui oseront s'installer dans la contrée pour s'y livrer à l'exploitation de ces filons riches en minerai.

La Casamance fournit, à l'île de Gorée, près de huit cents bateaux chargés de coquilles, servant à la fabrication de la chaux

Il ne s'en fait pas d'importation, la colonie consommant tout.

On affirme que des indigènes de la rive droite du Sénégal (côté Maure), ont apporté à Saint-Louis des « pierres noires » qu'on a reconnu être du charbon. Néanmoins, aucune fouille n'a été faite.

L'or existe au Sénégal, surtout dans la région de la Falémé.

Dans la *Revue géographique internationale* (1878), Georges Renaud donne les intéressants renseignements suivants :

« En 1843, Huart et Raffenel arrivèrent, non sans peine, à Sansandig, sur la Falémé, au seuil de la région aurifère, là où la récolte de l'or se fait par le simple lavage des sables. Quelques jours de marche les conduisirent à Kenieba, où ils furent reçus avec empressement et initiés à tous les détails d'une exploitation primitive. Ces mines sont situées dans un terrain d'alluvion, où les indigènes creusent des puits d'une profondeur de sept à quarante mètres, aboutissant à une galerie horizontale qui se prolonge rarement au delà de cinquante mètres. Le minerai, extrait par gros fragments, est jeté dans des calebasses pleines d'eau, où des femmes l'écrasent en le pétrissant, et le lavent à plusieurs reprises. Le résidu est transporté dans une valve de coquille, où il subit de nouveaux lavages. Il est réduit en poudre avec de petits cailloux. La poudre sèche au soleil ; on souffle dessus, et il ne reste que l'or obtenu en paillettes ou en molécules. Le précieux métal est alors gardé dans des cornes de gazelle, jusqu'à ce qu'on en ait ramassé une quantité suffisante pour le fondre dans un creuset. Ces procédés primitifs laissent perdre une énorme quantité de métal. D'ailleurs les terres lavées constituent la minime partie de celles qu'on pourrait exploiter. Enfin les puits et galeries sont rudimentaires et souvent détruits par des infiltrations. Parfois, surtout aux flancs des montagnes, de superstitieuses terreurs écartent toute recherche. Notons encore, comme dernier trait de mœurs, que ce sont les femmes qui exploitent les mines : les hommes ne sont admis qu'à extraire le minerai ou à faire sentinelle à main armée.

La présence des gisements aurifères est donc constatée, mais l'exploitation n'a pas été améliorée. En 1852 le commandant Rey, en 1856 M. Flizes, reconnurent de nouveau le pays. En 1858, le gouverneur Faidherbe alla en personne construire un fort à Kenebia et commencer de nouveaux travaux; mais, soit mauvaise direction, soit recherches infructueuses, l'entreprise n'a pas réussi. L'or a été mangé, disent les indigènes. D'ailleurs la région est très insalubre, car les eaux croupissantes s'amassent dans les basses vallées, et l'air est comme surchauffé par la réverbération des rayons solaires sur les pentes nues. Tous les nouveaux essais entrepris par des Compagnies privées n'ont pas abouti. Seuls les indigènes n'ont pas renoncé à l'industrie du lavage. »

La présence de gisements aurifères a été constatée dans le Bambouck, dans le massif du Fouta-Djallon, dans le voisinage du Niger et dans le Bacré.

A part une expédition de recherches de laquelle faisait partie notre distingué confrère Mévil, parti récemment en Guinée pour le compte du journal l'*Eclair*, aucune étude sérieuse des gisements aurifères n'a été faite.

Il est pourtant certain, étant donnée la quantité d'or que les Noirs du Sénégal fournissent à l'Europe depuis plusieurs siècles, qu'il y a là une source de richesses incalculables.

Mais les premières tentatives n'ayant pas été couronnées de succès, les chercheurs d'or se sont promptement découragés, et à l'heure actuelle, nous croyons savoir qu'il existe à peine deux Sociétés européennes se livrant sérieusement à l'étude des placers sénégalais.

CHAPITRE XII

RÉGLEMENTATION SUR LA RECHERCHE

ET L'EXPLOITATION DES MINES AU SÉNÉGAL ET AU SOUDAN FRANÇAIS

Un décret, en date du 14 août 1896, signé de M. Félix Faure et contresigné par M. André Lebon, ministre des colonies, réglemente la recherche et l'exploitation des mines.

Ce décret dit, entre autres choses :

Nul ne peut être admis à la recherche et à l'exploitation des mines au Sénégal et au Soudan, s'il n'est muni d'une autorisation délivrée par le gouverneur général. Cette autorisation est indépendante des permis de recherches et d'exploitation déterminés par un article spécial indiquant les formalités à remplir.

Sont considérés comme mines les gites naturels des substances minérales ou fossiles et notamment les combustibles minéraux, bitumes, pétroles et asphaltes; le sel gemme, les nitrates et les sels associés, les phosphates, les gemmes, l'or et les autres métaux précieux, l'étain et les métaux usuels.

Les droits sont ainsi fixés :

Exploitation d'une étendue de mille hectares, 0 fr. 40 par hectare pour permis de recherche, et 0 fr. 40 de permis d'exploitation.

De mille à cinq mille hectares, 0 fr. 20 (??) par hectare pour permis de recherches, et 1 franc par hectare de permis d'exploitation.

De 5,000 hectares, à 1,000, 0 fr. 40 par hectare pour permis de recherches, 2 fr. par hectare de permis d'exploitation.

Au-dessus de 10,000 hectares, 1 franc et 5 francs.

Le décret du 14 août 1896 fait connaître également les

droits des détenteurs de permis de recherches, les obligations qui leur incombent, les conditions de circulation des gemmes et des métaux précieux, etc... etc...

Nous avons indiqué la date du décret. Il suffira, par conséquent, de consulter l'*Officiel* pour en connaître tous les articles.

CHAPITRE XIII

LA FAUNE

Nous commencerons, ce chapitre, par une rapide étude sur les animaux domestiques qui sont à peu près les mêmes que ceux de la métropole.

Les bœufs sont nombreux et recherchés. Leur élevage est des plus faciles et il y a là, ainsi que nous l'avons dit plus haut, une large voie ouverte au commerce agricole.

Les bœufs se divisent en deux catégories : Il y a les bœufs à bosse auxquels une tumeur graisseuse, placée sur le garot, a fait donner cette dénomination et les bœufs porteurs, qui supportent de très lourdes charges et peuvent rendre de grands services par leur résistance à la fatigue.

Le prix de la viande de bœuf varie entre soixante et quatre-vingt centimes le kilogramme.

Les chevaux du Sénégal sont très résistants, mais ils sont loin de posséder les qualités des chevaux arabes. Ils sont, du reste, peu nombreux.

D'autre part, les chevaux importés dans la colonie supportent généralement assez mal la température élevée de cette région.

Les moutons servent exclusivement à l'alimentation, leur laine courte ne pouvant être utilisée.

L'élevage des porcs est peu répandu et ne donne lieu à aucun mouvement commercial appréciable.

Parmi les gallinacés, le Sénégal possède l'outarde, la poule, la pintade, la perdrix, la caille, la gélinotte, etc...

Pendant notre montée au Soudan, par le fleuve, le commissaire du bord achetait aux noirs de la rive des poules et des poulets à raison de 0 fr. 30 la pièce.

Les palmipèdes comptent de nombreux canards dont le prix courant est à peu près celui des poulets.

Les passereaux fournissent de très jolies variétés d'oiseaux : le sénégali, le cardinal, la veuve, la perruche verte, l'aigrette, etc...

Ces oiseaux donnent lieu à un commerce très important avec le continent. Tous les paquebots, touchant Dakar, en emportent des milliers. On retrouve chez nous les plumes de ces jolis oiseaux sur le chapeau des dames.

Au premier rang des échassiers, il convient de citer l'autruche dont les plumes sont l'objet d'un commerce assez étendu.

Malheureusement, l'autruche devient rare. On la chasse avec acharnement d'un bout de l'année à l'autre, et si le gouvernement n'y prend garde, dans quelques années l'autruche aura disparu de nos colonies occidentales d'Afrique.

Les œufs d'autruche se vendent à l'européen amateur, le long du fleuve et sur le marché de Kayes au Soudan, à raison de cinq francs la pièce.

Parmi les herbivores, l'éléphant occupe une place d'honneur. On en rencontre encore vers le haut Sénégal, mais ils se font rares, car le commerce très productif de l'ivoire les a fait pourchasser sans relâche depuis un demi-siècle. Jadis, on les rencontrait par bandes de trente ou quarante. Aujourd'hui les groupes importants se composent de quatre ou cinq sujets difficilement approchables.

L'hippopotame, dont les dents servent à la fabrication de la plupart des dents artificielles utilisées par l'espèce humaine, se rencontre encore fréquemment en montant vers le Soudan.

Il y en a quelques-uns dans le fleuve et surtout dans ses affluents.

La broussaille sénégalaise renferme un certain nombre de sangliers, d'antilopes, de cobas et de lièvres.

Parmi les singes, on compte trois espèces : le singe gris à ventre blanc que l'on rencontre entre Dagana et Saint-Louis; le golo, qui habite les rives du fleuve de Podor à Kaédy, et le cynocéphale à poils roux, qui aboie comme un chien. Cette dernière espèce de singes se trouve à partir de Bakel et sur les deux rives de la Falémé.

Très peu de reptiles. Le plus dangereux ou plutôt le seul dangereux est le trigonocéphale.

Le fleuve contient un certain nombre de caïmans qui se montrent surtout à l'époque des basses eaux. Les noirs, qui réussissent à en tuer, aiment beaucoup la viande de caïman que son odeur musquée fait repousser par les Européens.

Les animaux féroces sont assez rares. Néanmoins, il y a des lions dans les environs de Bakel, et quelques panthères dans le Bambouck.

Au Soudan, ces animaux sont beaucoup plus nombreux.

Parmi les carnassiers, il faut encore citer le chat-tigre, le lynx, la hyène, le chacal, les genettes dont la poche renferme du musc, etc...

Enfin, pour clore cette nomenclature, forcément incomplète, il nous faut parler des poissons.

Pendant l'hivernage, a raconté M. Merle, dans sa communication à la Société de géographie de Bordeaux, en 1878, le poisson abandonne les côtes du Sénégal. Il y revient en abondance à la saison sèche.

Au banc d'Arguin, série d'écueils occupant une superficie de huit mille quatre cents kilomètres carrés, on trouve fréquemment de la morue. Quelques auteurs s'étonnent, qu'on n'ait pas encore essayé de tirer parti de ces richesses.

Les Portugais avaient autrefois entrepris, avec succès, la pêche à la morue dans ces parages.

Rien ne serait plus facile que de faire des essais de ce genre. Nos armateurs seraient peut-être fort surpris des résultats brillants que donneraient quelques tentatives.

Le poisson servi communément dans les grands repas sénégalais, s'appelle : le *capitaine*. C'est un poisson de grande taille dont la chair est succulente.

Le fleuve ne renferme pas de bons poissons. La température élevée des eaux qu'il roule donne aux poissons qui y vivent, une chair molle, flasque et peu appétissante.

Les noirs, habitant les rives du Sénégal, sont, toutefois, beaucoup moins dégoûtés que les Européens et sont fort heureux quand ils peuvent ajouter un poisson du fleuve à leur couscous au mil.

CHAPITRE XIV

ORGANISATION ADMINISTRATIVE DU SÉNÉGAL

Au point de vue de l'organisation judiciaire, le Sénégal est divisé en deux arrondissements : 1° Saint-Louis ; 2° Dakar Gorée.

Au point de vue de l'organisation administrative et politique, la colonie se divise de la façon suivante :

1° Des territoires de communes constituées, savoir : Saint-Louis, Gorée, Rufisque et Dakar ;

2° Des territoires d'administration directe non constitués en communes formant des « cercles » dirigés par des administrateurs coloniaux ;

3° Des pays de protection immédiate sur lesquels l'autorité française s'exerce d'après la teneur de traités conclus avec des chefs noirs ;

4° Des pays de protectorat purement politique, qui ont conservé leur autonomie tout en reconnaissant la suzeraineté de la France.

ADMINISTRATION DU GOUVERNEMENT GÉNÉRAL DE L'AFRIQUE OCCIDENTALE

MM. Chaudié (Emile), O ✻ C ✪, inspecteur général des Colonies, gouverneur général.

Th. Bergès, I. P ✪, directeur de l'Intérieur.

Rey, O. A. ✪, secrétaire général.

Cabinet du Gouverneur général.

MM. Delavau, commissaire-adjoint des colonies, chef du cabinet.

Hilaire, secrétaire particulier du gouverneur général.

Officiers détachés.

MM. Obissier, lieutenant, chef du bureau militaire.

Devaux, lieutenant, officier d'ordonnance.

***

Directeur des affaires indigènes : M. Farque.

Chef du service administratif : M. Dumothier.

Procureur général, chef du service judiciaire : M. Girard.

Chef du service de santé : M. le Dr Gallay, médecin principal.

Trésorier-payeur général : M. Domergue.

Directeur des Douanes : M. Maine.

Membres du Conseil privé.

Le gouverneur général, le directeur de l'Intérieur, les chefs de service et MM. E. Delor et Martin, habitants notables dela colonie. Conseillers suppléants : MM. Sambain et Cros, également notables de la colonie.

Administrateurs coloniaux.

Voici les noms des administrateurs des cercles, à titre de renseignement et pour le cas où des commerçants, désireux de diriger leurs affaires vers un point spécial de la colonie, auraient à demander des renseignements aux agents de l'administration se trouvant sur place :

MM. Farque, directeur des affaires indigènes.

Aubert, administrateur du cercle de Matam.

Leclerc, administratenr du cercle de Cayor.

X..., administrateur du cercle de Dakar-Thiès.

Allys, administrateur du cercle de Bakel.

Decressac-Villagrand, administrateur du cercle de Louga.

Alsace, administrateur du cercle du Sine-Saloum.

Adam, administrateur supérieur du district de la Casamance.

Poulet, (h. c.), chef du secrétariat du Gouvernement général.

Réaux, administrateur du cercle de Dagana.

Valzy, administrateur du cercle de la Basse-Casamance.

CONSULATS ÉTRANGERS

Consulat d'Espagne et de Portugal.

MM. Guiraud (Jean), consul à Gorée.
Millón (Pedro), vice-consul d'Espagne à Dakar.

Consulat d'Italie.

MM. Guiraud (Jean), consul à Gorée.
Sambain (L.), agent consulaire à Saint-Louis.

Consulat des États-Unis.

M. Strickland, consul à Gorée.

Consulat de Belgique.

M. Guiraud (Jean), consul à Gorée.

Consulat de Grèce.

MM. Lizard, Ch., consul à Gorée.
Sambain, L., vice-consul à Saint-Louis,

Consulat d'Angleterre.

M. le capitaine Punkersett, vice-consul à Dakar.

LISTES ÉLECTORALES

(Arrêtées au 31 mars 1897 et valables jusqu'au 31 mars 1898.)

ÉLECTEURS INSCRITS

Commune de Saint-Louis.	4.051
Commune de Gorée.	486
Commune de Dakar.	1.753
Commune de Rufisque.	2.192

INTERPRÈTES

Faidherbe dont le souvenir s'attache à tous les progrès réalisés au Sénégal, car ceux qu'il n'a pu exécuter lui-même avaient été prévus par lui (même la voie ferrée reliant le Sénégal au Niger), Faidherbe disons-nous, avait compris la nécessité de former un corps d'interprètes parlant les différents dialectes des bords du fleuve et pouvant par suite, rendre de grands services aux commerçants faisant la traite.

Il avait, en conséquence, fondé à Saint-Louis une école spéciale qui porta tout d'abord le nom d'*Ecole des otages*.

Les enfants reçus à cette école étaient des fils de chefs et d'interprètes, et leur présence à Saint-Louis répondait de la fidélité de leurs familles et du respect de ces dernières aux traités.

C'était bien, en réalité, des otages.

On les instruisait dans la langue française. On leur donnait les connaissances de l'intruction primaire, après quoi, de retour dans leur village, ils aidaient de leurs connaissances, leurs compatriotes dans le commerce d'échange avec nos commerçants.

Cette école fut supprimée en 1872, sous prétexte d'économie. Elle fut rouverte le 31 mars 1892, et les services rendus par cette institution ne sont plus discutés.

Les interprètes sont aujourd'hui des fonctionnaires appointés, à la disposition de l'administration supérieure.

Leur recrutement s'est opéré jusqu'à présent parmi les mêmes otages et parmi les enfants des habitants de la colonie dévoués à la France.

Le gouvernement a, à sa disposition, un interprète spécial portant le titre de « rédacteur d'arabe ».

C'est lui qui est chargé de transcrire en arabe les lettres que le gouverneur général adresse aux chefs indigènes et de traduire en français les réponses de ces derniers.

L'arabe est la seule langue *écrite* employée par les indigènes de la Sénégambie.

Dans quelques années, grâce à l'Ecole des interprètes, la langue française sera la seule langue officielle écrite et se substituera, par conséquent, à la langue arabe.

Le grand nombre de langues diverses parlées dans la colonie ne permet pas d'envoyer les interprètes indifféremment dans n'importe quel poste de la région.

On les désigne pour les postes où les populations environnantes parlent la langue que l'interprète connaît.

Tous les interprètes du fleuve parlent le dialecte maure.

CHAMBRES DE COMMERCE DU SÉNÉGAL

Le Sénégal compte quatre chambres de commerce.

Elles siègent à Saint-Louis, Rufisque, Dakar, et Gorée. Les attributions de ces chambres sont purement consultatives.

CHAPITRE XV

POPULATIONS

Le détail de la population de nos possessions pouvant intéresser les industriels et commerçants, nous en donnons les chiffres relevés sur le dernier recensement :

COMMUNES DE PLEIN EXERCICE

Saint-Louis	20.173	habitants.
Gorée.	2.068	—
Rufisque.	8.091	—
Dakar.	8.737	—
Total.	39.069	habitants,

TERRITOIRES D'ADMINISTRATION DIRECTE

Cercle	de Bakel.	6.666	habitants.
—	de Natam.	800	—
—	de Podor.	2.508	—
—	de Dagana.	3.252	—
—	de Louga.	3.674	—
—	de Cayor.	3.674	—
—	de Dakar-Thiès. . . .	25.067	—
—	de Sine-Saloum. . . .	12.106	—
—	de Casamance.	3.980	—
	Total.	61.727	habitants.

PAYS DE PROTECTORAT POLITIQUE

Les Maures de la rive droite du Sénégal, Trarza, Brakna, etc..., donnent un total de 80,000 habitants environ.

TERRITOIRES D'ADMINISTRATION INDIGÈNE OU DE PROTECTORAT IMMÉDIAT

La population des treize cercles totalisée donne un chiffre global de 997,359 habitants.

RÉSUMÉ

Les habitants, répartis sur une surface de 170,000 kilomètres carrés pour la région des noirs et sur une surface de 250,000 kilomètres carrés pour les pays habités par les Maures, donnent un chiffre total de population de 1,178,355.

Dans ce chiffre, entre la population européenne qui comprend un total approximatif de 3,000 individus, (y compris les fonctionnaires et la garnison,) et environ 3,000 à 4.000 personnes assimilées aux Européens par la communauté de religion, de mœurs et de langage.

CHAPITRE XVI

RACES

A côté des Européens qui, ainsi que nous venons de le dire, sont, environ, au nombre de 3,000 au Sénégal, s'additionnant de 3 ou 4,000 assimilés, il y a :

LES MAURES

qui habitent la rive droite du fleuve. Cette race, d'abord très pure, se compose aujourd'hui par suite de ses croisements avec les noirs, de mulâtres arabes, de mulâtres berbères et de noirs affranchis. Le type des Maures est tout à fait différent de celui des noirs de la rive gauche. Leur teint est bronzé et rappelle le teint des Arabes du nord de l'Afrique. Le fleuve le Sénégal sépare très nettement les deux races. Les Maures sont nomades et peu enclins à donner l'hospitalité aux étrangers. Ils sont, en général, mahométans.

LES NOIRS

Les noirs du Sénégal se divisent en un certain nombre de groupes.

Les principaux sont : les Peuls, les Toucouleurs, les Oulofs, les Serères, les Mandingues, les Bambaras, les Sarakhollés et les Diolas.

Les Peuls. — Très répandus dans toute la Sénégambie, leur teint est rougeâtre, leurs cheveux lisses. Le Peul est surtout pasteur. Il s'occupe de l'élevage des troupeaux et tire ses ressources principales de leur vente. On le dit quelque peu voleur. Cette race est nomade, néanmoins, dans le massif du Fouta-Djallon, les Peuls s'adonnent à la culture, ont des goûts sédentaires et le sentiment de la propriété.

Les Toucouleurs. — Le croisement des Peuls avec les noirs a donné naissance à une race intelligente, mais surtout très guerrière. Hardis, aventureux, ils sont toutefois peu nomades et s'attachent au sol où ils ont grandis. Ils s'adonnent à la culture.

Les Ouolof ou **Yolof** ou **Wolof**, car on les désigne indistinctement sous un de ces trois noms, forment la race la plus intelligente du Sénégal.

Ils sont au nombre de 380,000 environ, et, en y ajoutant ceux qui parlent leur langue, on peut dire que la moitié de la colonie du Sénégal est composée de Wolofs ou d'indigènes parlant le wolof.

Le Wolof est d'un noir d'ébène. Les lèvres mêmes sont noires. Les hommes de cette race sont en général bien proportionnés et certains d'entre eux présentent des types superbes. Leur tête est toutefois disproportionnée.

Elle est trop petite pour l'ensemble du corps. Le torse est généralement beau, les reins cambrés, mais la jambe est maigre et le pied plat.

Ils sont musulmans; les anciens sont restés fétichistes. La polygamie est dans les mœurs de la race.

Les Wolofs, qui s'assimilent très rapidement les choses frappant leur imagination, prennent peu à peu nos goûts et nos habitudes. C'est certainement avec cette race d'hommes que le commerce extérieur prendra peu à peu un large développement.

Les Sérères. — La population sérère occupe une grande partie du Baol. Moins noirs que les Wolofs, ils ont le nez plus épaté, les lèvres plus grosses et sont généralement de plus haute taille. Il y a parmi eux des hommes de deux mètres.

Le Sérère est moins intelligent que le Wolof. Les pratiques de l'Islam ne sont point répandues parmi cette race qui compte environ 170 à 180,000 individus. Les Sérères croient à deux génies : celui de la justice et celui de la richesse, ainsi qu'aux génies intermédiaires de l'air et de la nuit.

Ils sont polygames et s'adonnent volontiers à l'ivrognerie C'est chez les Serères que les alcools d'Hambourg et du port d'Anvers trouvent un écoulement facile et constant.

Toutefois, *il faut dire à la louange du* Sérère *qu'à côté* de ses défauts, il est infiniment plus honnête que le Peul, qu'il a le goût de la culture et, par instant, se montre laborieux.

Les Mandingues. — Race noire, à cheveux crépus, comptant à peu près 50,000 représentants répandus sur toute l'étendue du Sénégal. Ils habitent en groupes, surtout le pays du haut Niger et une large fraction du Soudan français, entre Kayes et Bamakou.

Leurs vêtements sont des plus simples. Ils se composent d'un pantalon, d'un court *boubou* et d'un bonnet. Les femmes se contentent de se ceindre les reins d'un pagne et circulent à peu près nues.

Le Mandingue est d'un naturel indolent et paresseux. Il s'adonne à la culture, mais il ne travaille que jusqu'au moment où il a une récolte suffisante pour nourrir sa famille. Il y a toutefois dans le pays des forgerons qui fabriquent des instruments agricoles d'un caractère très primitif, et des cordonniers façonnant des objets en cuir assez intéressants.

Aucun commerce n'est possible pour l'instant avec les Bambaras et les Mandingues, les moyens de transport faisant défaut. Seul, le chemin de fer du Sénégal au Niger, quand il sera terminé, pourra permettre l'importation et l'exportation des marchandises dans cette région.

Les Bambaras. — Ce peuple ne forme pas un groupe autonome. Il est dispersé dans toute la contrée. Les Bambaras, par suite de croisements, ont des liens de parenté avec les Mandingues, mais ils en diffèrent par ce fait que les Mandingues sont musulmans tandis que les Bambaras, restés fétichistes, sont absolument rétifs à la religion de Mahomet.

Les Bambaras ont l'instinct commercial très développé,

mais leurs aptitudes trouvent, pour l'instant, difficilement à s'exercer.

Les Sarakhollés ou **Soninkés**. — Groupe dérivant de la race mandingue. Les Soninkés sont un ancien peuple qui formait la population de l'ancien empire de Ghana (3 siècles avant J.-C.); cet empire était situé à l'ouest de Tombouctou. Les Sarakhollés, très fervents musulmans, occupent au Sénégal une partie de la rive gauche du fleuve, entre Kaedi et Bakel.

Cette race est très commerçante, et l'installation du service fluvial permettant la remorque des chalands entre Saint-Louis et le Soudan, commence à être sérieusement utilisée par ce peuple entreprenant. D'autre part toutes les grandes villes commerciales du Niger, Djenné, Sansandig, N'Yamina, sont habitées par des Sarakhollés.

Les Diolas. — Cette race habite le district de la Csamance. Les Diolas sont fétichistes, ivrognes, grossiers et, quoique laborieux et se livrant à la culture, il est douteux que des relations commerciales puissent, avant longtemps, s'établir entre ce peuple et les Européens.

Les Diolas et les **Balantes** (race pillarde et peu intéressante), forment une population totale de 170,000 individus habitant la Casamance.

CHAPITRE XVII

RELIGIONS

Le culte le plus répandu au Sénégal est l'islamisme, toutefois tous les préceptes du Coran sont loin d'y être suivis. La défense de faire usage de boissons fermentées compte très peu d'adhérents. L'absinthe et une eau-de-vie frelatée appelée *sangara* sont les liquides les plus en usage. Mahomet semble impuissant à lutter contre ces sortes d'alcools qui, pour la plupart, proviennent d'Allemagne.

Les populations du sud, entre autres les peuples Sérères, sont restés fétichistes. Ils adorent des gris-gris qu'ils portent suspendus au cou, et chaque gris-gris les préserve, croient-ils, d'un mal déterminé.

La religion catholique fait quelques prosélytes dans les villes et dans certains centres importants. Un évêque *in partibus*, préfet apostolique, a sous sa direction cinq desservants habitant les villes de Saint-Louis, Dakar, Gorée, Joal et Rufisque, et un certain nombre de vicaires. Une mission est établie à Joal, entre Dakar et le Saloum, et une autre à Thiès, où se trouve un pénitencier agricole. Le R. P. Sébire, supérieur de la mission des PP. du Saint-Esprit à Thiès, s'est mis très complaisamment à ma disposition pour me fournir une collection des produits du Sénégal, et m'a beaucoup aidé dans leur classification. Je lui adresse ici, avec mes remerciements, le témoignage de ma reconnaissance.

(Les produits rapportés par moi ont été répartis entre le musée commercial de Dunkerque et celui de Lille.)

Il y a au Sénégal un petit nombre de protestants, parmi lesquels les Européens sont en minorité. La plupart des protestants sont des indigènes venus de Sierra-Leone.

Comme écoles religieuses, il existe au Sénégal des écoles tenues par des frères, pour l'instruction des jeunes gens, et des écoles de jeunes filles dirigées par les sœurs.

A Saint-Louis, les protestants ont un oratoire et une école.

CHAPITRE XVIII

L'INDUSTRIE AU SÉNÉGAL

Autour des villes se trouvent quelques fabriques qui sont loin de donner des produits de bonne qualité.

Sur les rives du fleuve, des potiers confectionnent avec de l'argile, de la vaisselle commune et des gargoulettes destinées à maintenir l'eau à une certaine température de fraicheur.

Il y a également des tisserands qui se servent des procédés les plus primitifs. Ces tisserands se contentent de fabriquer des bandelettes de coton de dix centimètres de largeur, servant par leur assemblage à faire des pagnes, vêtement très commun et qui paraît suffisant aux indigènes habitant loin des villes.

Les forgerons ne se contentent pas de travailler le fer et de fabriquer des sabres et des poignards. Ils sont également orfèvres et confectionnent des bijoux en or de Galam, d'un travail très léger et parfois assez soigné.

Les corroyeurs font des fourreaux de sabre et de poignard souvent très ornementés et assez séduisants à l'œil.

Ils confectionnent également des sacs maures, des selles, des babouches, etc.

Enfin, il y a les teinturiers qui traitent l'indigo de plusieurs manières afin d'obtenir une certaine variété dans la nuance bleue.

En réalité, aucune industrie n'est actuellement prospère au Sénégal. Cela tient sans doute aux procédés employés par les industriels et au très petit nombre de ces derniers.

CHAPITRE XIX

UNE INDUSTRIE NOUVELLE

Une industrie très récente et qui est due à M. le Dr Calmette, directeur de l'Institut Pasteur de Lille, aidé dans les applications industrielles de cette découverte par M. Collette et par M. Boidin, chimistes, tous deux habitant Seclin (Nord), semble appelée à un grand avenir au Sénégal et au Soudan, dont elle modifierait dans une mesure considérable, les conditions économiques.

Il s'agit de la fabrication de l'alcool de grains.

M. le Dr Calmette, pendant son séjour en Chine, a découvert un ferment spécial qui rend inutile dans la fabrication de l'alcool, l'emploi des malts et des acides.

Le principe de la méthode repose sur l'emploi de ce ferment qui remplit à la fois les fonctions saccharifiantes de la diatase de l'orge germé ou de l'acide, et les fonctions fermentatives de la levure.

M. Calmette a donné à ce ferment le nom d'*Amylomyces*.

L'amylomyces permet d'obtenir avec des grains de qualité quelconque, des alcools de qualité tout à fait parfaite et avec un rendement très supérieur à celui obtenu par le malt ou par l'acide.

Avec des maïs ordinaires, le procédé nouveau donne un rendement de 38 à 39 pour cent kilos de grains, alors que les anciens procédés produisent un maximum de 34 0/0.

Les détails techniques de la fabrication ne seraient pas à leur place dans ce rapport, qui doit simplement se borner à une indication et à un renseignement dont les industriels intéressés peuvent faire leur profit.

Au Sénégal et au Soudan, le mil pousse partout, par conséquent les matières premières ne manqueraient pas à une fabrique d'alcool de grains qui irait s'installer soit à Saint-Louis du Sénégal, soit à Kayes au Soudan.

Le rendement peut s'obtenir même dans les pays de haute température et il serait d'autant plus appréciable au Sénégal ou au Soudan, qu'il n'est pas nécessaire d'importer du malt, ou de l'acide sulfurique, difficultés matérielles ayant empêché jusqu'alors, toute fabrique d'alcool de s'implanter dans ces régions.

CHAPITRE XX

NOTES HISTORIQUES

Avant 1855, nos établissements au Sénégal étaient de simples comptoirs. Les ports du littoral étaient des lieux d'escales où les traitants du continent européen venaient faire des échanges avec les indigènes.

Sur le fleuve, les Maures échangeaient de la gomme contre des pièces de cette cotonnade bleue teintée à l'indigo appelée *guinée*, étoffe à laquelle une étude spéciale est consacrée dans notre rapport, la guinée constituant aujourd'hui une des branches les plus importantes du commerce du continent avec le Sénégal.

Dans la région située entre le Sénégal et la Gambie, on échangeait des peaux de bœufs, et plus tard de l'arachide, contre des armes, de l'alcool, de la poudre et des étoffes à bon marché.

Le long de la côte, les indigènes échangeaient de la poudre d'or, de la cire, de l'huile de palme, du coton, contre des étoffes et des objets provenant des fabriques européennes.

Tous ces échanges se faisaient moyennant un droit que prélevait le chef de la tribu à laquelle appartenait le commerçant indigène. Aucune sécurité n'existait pour le traitant qui, fort souvent, était pillé en se rendant par terre d'une escale à un centre quelconque. C'est ainsi qu'auprès de Rufisque, on appelle le ravin par lequel passait la route avant la récente installation de la voie ferrée, le *ravin des voleurs*, en souvenir des actes de brigandage qui s'y sont accomplis.

Jusqu'en 1880, comme il convenait d'assurer la sécurité des traitants sur le fleuve, les échanges avec les Maures ne se firent qu'à des escales déterminées, placées sous la protection directe de nos postes.

Aujourd'hui c'est le régime de la liberté de la traite qui est en vigueur, la fréquence des postes empêchant les pillages d'autrefois.

Il y a moins de vingt ans, un droit était perçu par les rois maures sur les quantités de gomme sortant du territoire placé sous leur dépendance.

Ce droit est aujourd'hui transformé en *une coutume* fixe payée par le budget de la colonie. Un impôt de sortie, prélevé sur les gommes exportées fournit au gouvernement les ressources nécessaires.

Dans le Cayor, tout commerce était impossible il y a trente ans. La population, très guerrière et habituée au pillage, ne se faisait aucun scrupule d'attaquer les convois des traitants, d'assassiner ces derniers et de les dévaliser.

D'autre part, la contrée n'avait pour toute voie de communication que des sentiers serpentant à travers bois et fourrés.

Aujourd'hui, le Cayor est traversé d'un bout à l'autre par la ligne de chemin de fer reliant Dakar à Saint-Louis; les populations de ces contrées qui, il y a onze ans à peine, se battaient avec acharnement pour empêcher la pose des rails, prétextant qu'ils étaient en pays indépendant, sont maintenant complètement soumises.

On ne put toutefois les réduire qu'à la suite de combats acharnés pendant lesquels leur *Damel* (Samba-Lawbé) fut tué (6 octobre 1886).

Quelques jours après, un grand chef, Lat-Diad, qui prétendait à la succession du damel et avait groupé autour de lui de nombreux guerriers, fut également tué à la suite d'un combat qui fut le dernier et assura définitivement notre domination dans le Cayor. Le Baol et le Sine sont complètement pacifiés; toutes les populations de la côte jusqu'au Saloum sont également soumises à notre domination. En résumé, tout le littoral océanien du Sénégal offre aujourd'hui la plus parfaite sécurité, ainsi que toutes les contrées traversées par le chemin de fer de Dakar à Saint-Louis.

Il en est de même des pays situés sur les rives du fleuve. A l'heure actuelle, les industriels et commerçants français peuvent parcourir le Sénégal d'un bout à l'autre sans la moindre appréhension et s'y livrer sans risques à toutes les tentatives commerciales compatibles avec les besoins de la contrée et avec ses produits.

CHAPITRE XXI

LES EXPLORATIONS AU SÉNÉGAL

Dans un rapport du genre de celui que j'ai l'honneur de soumettre aux Chambres de Commerce, tout détail de nature à faire connaître la contrée avec laquelle des opérations commerciales et industrielles sont possibles, peut avoir son utilité, c'est pourquoi j'ai cru devoir résumer dans un chapitre spécial, les explorations faites au Sénégal, en me bornant à suivre l'ordre chronologique.

* * *

La première exploration faite dans ces contrées date du VIe siècle avant Jésus-Christ. Aristote en parle dans son traité des « choses merveilleuses ».

Ce fut Hannon, amiral carthaginois qui, le premier, conduisit une flotte de soixante navires à cinquante rames, chargée de 30.000 personnes dans ces régions inconnues.

Il visita les Maures (peuplades libyennes), les noirs du Sénégal (populations éthiopiennes), et le golfe de Guinée.

Le périple d'Hannon provoqua un tel enthousiasme chez les Carthaginois qu'ils en firent graver la relation sur les murs des temples de Carthage.

* * *

Le deuxième voyage dans la région sénégalienne fut celui fait par les Nasamons (peuplade libyenne), cent ans après le voyage d'Hannon. Ils reconnurent le Niger qu'ils confondirent avec le Nil. Hérodote a fait mention de cette exploration des Nasamons à travers les territoires inconnus de l'Afrique.

*
* *

Les tables de Ptolémée (140 ans après J.-C.) qui relatent toutes les connaissances géographiques de l'époque, se bornent à mentionner la présence d'un grand fleuve central, le Niger et s'inspirent du périple d'Hannon et du voyage des Nasamons pour affirmer l'existence d'un pays habité par des noirs.

M. le capitaine Ancelle dans son ouvrage *Les Explorations au Sénégal* fait remarquer qu'après les tables de Ptolémée, dix siècles s'écoulèrent sans que la science géographique des régions de l'Afrique occidentale fit un pas.

Ce n'est qu'à la fin du XIIIe siècle et vers le milieu du XIVe que des Portugais et des Gênois reconnurent les îles Canaries, le Cap Vert, les côtes du Sénégal et de la Guinée.

*
* *

Ce sont des marins dieppois qui, en 1364, fondèrent les premiers comptoirs sur les côtes du Sénégal et de la Guinée.

*
* *

M. Ancelle dit que ce fut un nommé Gil Yanez, Portugais, qui, en 1447, s'arrêtant à l'embouchure du Sénégal, nomma ce fleuve : *Sagana*.

Ce baptême du fleuve donne lieu à controverse. Dans un numéro de la *Revue maritime et coloniale* paru en 1864, M. Aube déclare que c'est un nommé Lanzarote qui, en 1275, donna au fleuve, le nom d'un Maure qu'il rencontra. Ce Maure s'appelait Sénéga. (Nous avons relaté ce détail dans la partie de notre rapport consacré à la géographie physique du Sénégal.)

Nous signalons les deux versions sans, bien entendu, adopter l'une plus que l'autre.

*
* *

La première exploration *commerciale* fut celle qu'entreprit en 1454 un Vénitien nommé Cada-Mosto, sous les auspices de Henri le Navigateur.

Cada-Mosto dut débarquer dans la baie de Dakar, la traduction d'un ouvrage de Léon l'Africain par Jean Temporel (1556) le faisant pénétrer dans le Baol et dans le Cayor qui s'appelait alors le pays de Budorel.

Cada-Mosto parlant des productions du sol mentionne le vin de palme, le mil, l'huile de palme et la présence de l'or dans la rivière de Gambie.

* * *

Mentionnons pour mémoire, les explorations anglaises des XVIIe et XVIIIe siècle en Gambie, dans la partie comprise entre la rivière de Gambie et celle de Sierra-Leone appartenant aux Portugais.

Les Anglais possédèrent là quelques comptoirs mais sans succès.

* * *

En 1626, sous l'impulsion de Richelieu, les Français s'établirent définitivement au Sénégal et c'est de cette époque que part notre œuvre de colonisation dans cette contrée.

Des marchands de Dieppe et de Rouen obtinrent du roi le privilège exclusif de commercer avec le Sénégal et il se fonda une compagnie normande. Malheureusement, les Hollandais qui possédaient Rufisque, Gorée, Joal et Arguin, gênaient beaucoup l'action de nos nationaux.

Colbert, en 1668, simplifia la question en obtenant du roi qu'une flotte alla s'emparer des territoires placés sous la domination hollandaise. Les Français battirent les Hollandais, les chassèrent des villes qu'ils occupaient et s'installèrent à Portudal, Rufisque, Joal, Gorée, Arguin, possessions que leur confirma en 1678, le traité de Nimègue.

Jusqu'en 1695, les compagnies commerciales qui se succédèrent au Sénégal et dans la région n'obtinrent pas de brillants résultats.

André Brüe, nommé directeur de la Compagnie du Sénégal en 1697 fit toutefois prospérer les affaires de cette compagnie grâce aux nombreux voyages qu'il fit dans l'intérieur des terres.

Brüe installa plusieurs comptoirs sur les rives du Sénégal dans l'île à Morphil où se trouvaient de nombreux éléphants (les noirs, vendaient des dents d'ivoire du poids de dix livres pour six sous). On récoltait aussi dans la région, de l'or, du coton, du riz, du mil et du tabac.

En 1698, muni d'une grande quantité de marchandises d'échange, Brüe remonta jusqu'au Soudan cherchant à faire dériver vers ses comptoirs placés le long du fleuve, tous les produits du Haut-Sénégal.

Brüe quitta le Sénégal en 1702. Il y revint en 1714. La Compagnie des Indes qui, en 1718, avait remplacé la Compagnie du Sénégal le nomma directeur et sous l'impulsion intelligente de Brüe, les affaires de la Compagnie atteignirent un haut degré de prospérité.

Connaissant par les récits des indigènes les richesses minérales du pays de Saloum et de Bambouck, il fit rechercher par un traitant nommé Compagnon, les gisements aurifères de la région.

Compagnon, très intelligent et très conciliant, s'attira la sympathie des noirs et il put ainsi reconnaître le pays et accomplir sa mission.

Dans le récit que fait le père Labat de ce voyage (ouvrage paru en 1728) Compagnon aurait, au dire de son historiographe, constaté que tout le pays du Bambouck était un immense placer d'or. La rivière la Falémé et ses affluents roulaient — et roulent encore des paillettes d'or. — Le sol de cette région renfermerait en outre des gisements de plomb argentifère et des minerais d'étain, de fer et de cuivre.

* * *

De 1724 à 1800, le Sénégal subit le contre-coup de nos malheureuses guerres maritimes.

En 1758, l'île de Gorée et Saint-Louis furent conquis et occupés par les Anglais. En 1779, le duc de Lauzun leur reprit Saint-Louis.

En 1809, les Anglais s'en emparèrent de nouveau ; enfin

par le traité de 1814, le Sénégal fut rendu définitivement à la France.

En 1816, le ministre de la marine fit partir au Sénégal quatre bâtiments transportant un nombreux personnel de marins et un matériel considérable. Un gouverneur militaire fut nommé et la reprise effective de la colonie fut faite.

Mentionnons, comme souvenir, que ce fut le 2 juillet de la même année, sur le banc d'Arguin, que la frégate la *Méduse*, fit naufrage. Sur les 400 hommes qui s'y trouvaient, cent cinquante s'embarquèrent sur un radeau.

Ces hommes réfugiés sur le radeau furent pendant treize jours le jouet des vagues. On connaît les scènes atroces qui se passèrent sur cette épave. Il y eut quinze survivants.

Deux des canots détachés de la *Méduse* réussirent à aborder à Saint-Louis après une traversée de quatre jours. Les autres chaloupes furent jetées à la côte et ceux qui les montaient purent à grand peine atteindre Saint-Louis.

* * *

Les explorateurs qu'il convient également de mentionner furent : Mollien un des survivants du radeau de la *Méduse* qui fit en 1818 une exploration dans le Fouta-Djallon. René Caillé qui atteignit le premier Tombouctou (1828). Les frères Lander (1830) qui descendirent le Niger de Boussa à son embouchure dans le golfe du Bénin fixant ainsi un point géographique encore inconnu.

D'autres explorateurs parcoururent également les régions du Sénégal et du Niger; en voici les noms :

Raffanel (1843-1846), L. Panet (1850), Hecquard (1851), le capitaine d'état-major Vincent (1860), Bourrel, enseigne de de vaisseau (1860), Maze, lieutenant de vaisseau (1861), Pascal et Lambert, lieutenants d'infanterie de marine (1860), Mage et Quintin, voyage à Ségou (1863-1866), Paul Soleillet (1878), Zweifel et Moustier, voyage aux sources du Niger (1879-1880), Aimé Olivier (1880), Jacquemart et Monteil (1879), Gallieni (exploration du Haut-Niger (1880-1881), Bayol et Noirot au Fouta-

Djallon (1881), Bayol et Quiquandon (1883), Dr Colin, exploration des gisements aurifères de la Falémé (1883-1884), Lenoir, de Sidhrou à Médine (1884).

Une note spéciale doit figurer ici pour M. Binger actuellement directeur au ministère des colonies et qui fut non seulement un remarquable explorateur, mais celui dont les explorations ont été les plus utiles et les plus fécondes en résultats.

De 1882 à 1895, M. Binger était au Sénégal, dans les rivières du Sud et à la côte d'Ivoire.

Ce fut vers 1885 qu'il fit la première étude relative au chemin de fer de Kayes à Bafoulabé.

De 1887 à 1889, il explorait la boucle du Niger.

De 1889 à 1891, il explorait la côte d'Ivoire, en qualité de membre de la commission de délimitation de cette région.

M. Binger était nommé, en 1893, gouverneur de la côte d'Ivoire.

* * *

A cette nomenclature, il convient d'ajouter les reconnaissances hydrographiques du Niger par la canonnière le *Niger* commandée par l'enseigne de vaisseau Froger et plus tard par le lieutenant de vaisseau Davoust. Enfin diverses missions topographiques dirigées par le commandant Derrien, Henri, capitaine d'artillerie, Bonnier, capitaine d'artillerie de marine, Tournier capitaine, Brosselard, lieutenant, etc...

* * *

Le cadre de notre rapport ne nous permet pas d'étendre cette nomenclature et d'entrer dans des détails sur ces diverses explorations; nous nous contenterons de renvoyer aux ouvrages spéciaux écrits sur la matière et nous recommanderons comme l'un des plus complets celui de M. le capitaine de génie Ancelle.

DEUXIÈME PARTIE

CHAPITRE PREMIER

RÉPONSES AUX QUESTIONNAIRES DES CHAMBRES DE COMMERCE

I

Chambre de commerce d'Avesnes.

a) PRODUITS LAINIERS UTILISÉS AU SÉNÉGAL, EMBALLAGE, MESURES COURANTES...

1re QUESTION. — *Quelle est la nature des fils de laine pure et mélangée utilisés au Sénégal ?*

RÉPONSE. — Importation nulle. En 1896, 130 kilos d'une valeur totale de 650 francs.

2e Q. — *Bonneterie ?*

R. — On vend au Sénégal des *bonnets noirs*, genre « casque-à-mèche », un peu affilé, avec houpette. Prix : 6 à 7 francs la douzaine. Ces bonnets sont généralement en coton. Toute la basse classe noire porte ce genre de coiffure. On la préférerait peut-être en laine, mais il faudrait que les prix ne fussent pas sensiblement plus élevés que les bonnets de coton.

Gilets de flanelle et de tricot. — Portés par tout le monde, aussi bien par les blancs que par les noirs. Ces derniers appellent ce genre de gilet « Turki ». Les prix varient de 27 francs à 48 francs la douzaine,

Bonnets genre Fez. — Ces bonnets sont en feutre ou en drap rouge. Article monopolisé par les Marocains.

3e Q. — *Fils écrus pour l'industrie locale.*

R. — L'industrie locale ne demande que des fils de coton soit simples, soit retors, blancs ou teints, des nos 16, 20, 24, 30 et 32. Les deux derniers numéros sont les plus fréquemment demandés. Les pays d'importation qui les fournissent sont la France, l'Angleterre et l'Inde Française.

Voici les quantités importées en 1896 :

Fils de coton simples, écrus

France	8.408 kil.	val.	18.705 fr.
Angleterre.	11.659	—	26.157
Autres pays. . . .	4.524	—	9.913
Totaux . . .	24.591 kil.	val.	54.775 fr.

Fils de coton simples, teints.

France	812 kil.	val.	3.250 fr.
Angleterre.	782	—	3.226
Totaux . . .	1.594 kil.	val.	6.476 fr.

Fils de coton retors, bleus.

France	15.224 kil.	val.	45.062 fr.
Angleterre.	8.582	—	23.863
Autres pays. . . .	19.194	—	46.704
Totaux . . .	43.000 kil.	val.	115.629 fr.

Fils de coton retors, teints.

France.	5.761 kil.	val.	28.834 fr.
Angleterre.	4.797	—	23.985
Autres pays. . . .	165	—	625
Totaux . . .	10.723 kil.	val.	53.444 fr.

Les fils de coton simples, écrus ou teints et quelque peu des fils retors sont destinés aux tisserands indigènes qui, les mélangeant aux fils de coton filés au fuseau avec le coton du pays (celui-ci plus fort et plus rude) en font ces bandes larges de dix centimètres qui, réunies, servent sous le nom de *pagnes* à entourer les reins des femmes du pays.

La pièce d'étoffe obtenue par la réunion de douze ou quinze de ces bandes forme une sorte de jupon appelé : « *penndal* ».

Le surplus des fils retors est destiné à la clientèle européenne ou assimilée. C'est du fil à coudre ou à broder.

4° Q. — *Mode de livraison. — En paquets, bobines, etc.*

R. — Les indigènes demandent en ce moment des paquets de 5 kilos divisés en 50 échevettes de 100 grammes. C'est le paquetage français. Les Anglais livrent en paquets de 10 livres anglaises divisés en 50 échevettes. Ils complètent le poids total par le nombre voulu d'échevettes à leur manière courante.

5e Q. — *Nature des tissus de laine pure ou mélangée, utilisés au Sénégal.*

R. — Néant. — Au temps de l'aisance, — et ce temps reviendra — les indigènes appréciaient beaucoup les molletons, flanelles et en général toutes les étoffes de laine douces et souples qui se prêtaient au « drapage » de leurs vêtements de dessus. Avec la misère, la laine a disparu et le coton qui coûte moins cher l'a remplacée.

Sauf les riches Marocains et quelques élégants qui les copient on ne voit plus de « boubous » ni de burnous en laine sur les épaules de personne.

6e Q. — *Longueur et largeur des pièces. Poids. Teinture.*

R. - Il est difficile de répondre actuellement à cette

question, les tissus qui s'y rapportent n'étant plus employés. Si l'aisance renaissait au Sénégal, il est certain que la laine y reparaîtrait mais ceci est subordonné à cela.

7e Q. — *Faut-il s'en tenir aux tissus en usage ou a-t-on chance de faire adopter des genres similaires?*

R. — La réponse à la question 6 pourrait également s'adapter à la question 7.

8e Q. — *Y a-t-il avantage à adopter certains poids plutôt que d'autres et pourquoi?*

R. — Le système métrique est aujourd'hui, usité partout au Sénégal.

9e Q. — *Faut-il des emballages spéciaux? Indiquer lesquels*

R. — Balles aussi comprimées que possible à la presse hydraulique et solidement cerclées de fer. Il y a à ce système, un double avantage : Tonnage réduit et imperméabilité relative.

10e Q. — *Recueillir les échantillons de laine les plus usités.*

R. — Inutile, car les indigènes, nous l'avons dit plus haut, n'emploient plus la laine. D'autre part, la clientèle européenne a les goûts de France.

11e Q. — *Mesures en usage pour les fils et les tissus.*

R. — Se reporter aux nos 6 et 8.

---

b) Consommation des produits lainiers. Contrées où ils sont le plus en usage; contrées favorablement disposées aux échanges. Villes et ports y donnant accès.

12e Q. — *La grande consommation d'articles laineux se porte-t-elle plutôt sur le peuple que sur la classe aisée?*

R. — Ces articles ne sont usités que par les européens appartenant à la classe aisée ce qui ne permet que de très petites affaires.

13° Q. — *Quelles sont les contrées qui, par leur climat, les ressources et les habitudes des habitants offrent des débouchés aux articles lainiers?*

R. — Tout le Sénégal pendant la saison fraîche (de novembre à fin juin), mais l'usage en est provisoirement perdu.

Voir la réponse n° 5.

14° Q. — *Citer les ports ou villes où se concentre l'activité commerciale de ces contrées.*

R. — L'activité commerciale est concentrée dans les ports de Dakar, Rufisque et Gorée sur l'Océan, Saint-Louis sur le fleuve le Sénégal, puis, secondairement Foundiougne dans le Saloum (rivière salée) et Carabane dans le district de Casamance.

15° Q. — *Chaque province est-elle indépendante et en existe-t-il de plus favorables les unes que les autres, aux échanges avec l'Europe?*

R. — Les provinces indépendantes sont encore fermées aux produits français.

16° Q. — *Peut-on établir des relations directes avec ces contrées et la France ou faut-il, comme pour beaucoup de pays où nous exportons, passer par l'intermédiaire de l'Angleterre?*

R. — L'intervention de l'Angleterre n'est pas utile. Elle serait plutôt nuisible. En effet, la place est à prendre et la clientèle à créer. Or, l'Angleterre ne serait plus l'Angleterre si elle créait une clientèle pour d'autres que pour elle-même.

17° Q. — *Est-il pratique de rechercher des relations directes, ou vaut-il mieux passer par l'intermédiaire de maisons de gros?*

R. — Les grosses maisons de commerce du Sénégal sont des maisons bordelaises peu disposées, croyons-nous, à servir d'introducteurs à de nouveaux co-partageants. Les maisons très importantes sont : « Morel et Prom », « Devès et Chaumet », « Buhan et Teisseyre ». Il y a encore deux ou trois maisons d'importance secondaire, mais les trois principales que nous venons de nommer ont, en quelque sorte, canalisé et presque monopolisé le commerce du Sénégal. Les maisons de moindre importance en souffrent et végètent à l'ombre de ces trois puissants comptoirs commerciaux, aussi ne demanderaient-elles pas mieux que d'échapper à l'influence de la trinité bordelaise.

C'est ainsi que les maisons Cros, Aumont, Claude Gaillard, à Saint-Louis, serviraient volontiers d'intermédiaires *et même de représentants* à des industriels et commerçants, désireux de faire des affaires avec le Sénégal. Les puissantes maisons de Bordeaux n'en souffriraient pas — car les nouvelles voies de pénétration vont nécessairement augmenter à bref délai, dans une large mesure, le mouvement commercial de la colonie — et d'autre part les petits commerçants de Saint-Louis y trouveraient un profit appréciable, en même temps que nos industriels et commerçants auraient dans la colonie, de nouveaux débouchés pour les produits de leur fabrication, ou pour leurs opérations commerciales.

18e Q. — *Existe-t-il de ces maisons de gros dans les ports ou villes principales? De quelle nationalité? Y en a-t-il des françaises? Quelles sont-elles? Prospèrent-t-elles? Opèrent-elles pour leur propre compte ou à la commission?*

R. — Il n'existe guère au Sénégal que des maisons françaises ce qui ne veut pas dire qu'elles ne fassent que du commerce français. Nous venons à la question précédente (n° 17) de désigner ces importantes maisons. Néanmoins, il existe quelques rares maisons étrangères. A Gorée, la maison américaine Strickland et Tulian dont le chef est consul des États-Unis et deux maisons allemandes, la maison Braun à Thiès et la maison Hartmann dont le siège est à Rufisque et qui possède une succursale à Tiwawane. Il y a également en Casamance quelques petites maisons dont les chefs sont plus ou moins originaires des colonies portugaises ou de la Gambie mais elles procèdent commercialement en maisons françaises.

19e Q. — *Existe-t-il des saisons bien définies comme en France? Si oui, les tissus sont-ils différents d'une saison à l'autre? A quelle époque y a-t-il lieu de prendre les ordres pour l'une ou l'autre saison?*

R. — Il existe deux saisons bien tranchées au Sénégal et nous en avons expliqué les côtés particuliers dans la première partie de notre rapport (climat).

L'hivernage a lieu de juillet à fin octobre; la saison fraîche de novembre à fin juin. Nous avons répondu aux deux autres points de la question aux numéros 5 et 13.

20e Q. — *Quel laps de temps aurait-on pour produire, expédier et livrer?*

R. — Un maximum de trois mois. L'Angleterre ne demande jamais un délai plus long.

---

c) MOYENS DE TRANSPORT ET DE PÉNÉTRATION. — COMPAGNIES DE NAVIGATION. — EXPORTATION.

21e Q. — *Quelles sont les compagnies de navigation à employer pour les exportations au Sénégal et autres pays voisins?*

R. — Indifféremment toutes les compagnies de Dunkerque, du Havre, de Bordeaux et de Marseille. La traversée est de 8 à 10 jours d'un de nos ports à Dakar. A bord des voiliers, il faut compter de 15 à 25 jours.

Les grosses maisons de Bordeaux dont nous avons cité les noms à la question 17 et la compagnie française de l'Afrique occidentale possèdent des vapeurs particuliers.

22e Q. — *Quels sont leurs tarifs?*

Q. — Les vapeurs des maisons bordelaises prennent 20 francs de fret; les messageries maritimes 50 francs; les voiliers 10 à 15 francs. Les autres lignes régulières ont des tarifs variables. — On trouvera dans la troisième partie de notre rapport des indications sur ces compagnies de navigation.

23e Q. — *Quelles sont les compagnies pratiquant l'assurance des transports? Leurs tarifs.*

R. — Toutes pratiquent l'assurance à 0 fr. 91 et quelquefois à 1 franc.

24e Q. — *Pour gagner l'intérieur, c'est-à-dire les villes riches et commerçantes, quels seraient les moyens de transport? Leurs prix offriraient-ils la sécurité nécessaire?*

R. — Les villes riches et commerçantes sont échelonnées le long de la côte. Ce sont, en commençant par le sud : Carabane, à l'embouchure de la Casamance; Foundiougue à l'embouchure du Saloum; Rufisque, ville très commerçante et port important semblant appelé à un grand avenir. Les rues de Rufisque sont sillonnées de rails destinés au roulage des wagonnets de marchandises dirigées vers le port; Dakar, à l'heure actuelle est le port le plus important du Sénégal.

Un projet actuellement à l'étude, doit faire de Dakar le grand port militaire et maritime de nos colonies de l'Afrique occidentale; Gorée, île qui fut jadis le point commercial important du Sénégal, aujourd'hui un petit port sans grande importance, le voisinage de Dakar et de Rufisque l'ayant à peu près ruiné.

Saint-Louis, principale ville du Sénégal est port sur le fleuve. D'autres villes naissantes s'égrènent dans le Cayor, le long de la ligne de chemin de fer reliant Dakar à Saint-Louis. Ce sont : Louga, Makké, Tivawouane, Thiès, etc...

Le centre le plus important est Tivawouane.

En ce qui concerne les moyens de transport pour se rendre à l'intérieur, un chapitre spécial du rapport les indique plus loin.

25e Q. — *Les pays voisins (colonies anglaises, allemandes, belges, portugaises, hollandaises) n'ont-elles pas de facilités spéciales pour leur commerce, directement par voie de terre?*

R. — Oui. Ils font la contrebande sur une large échelle par leurs frontières de terre, non gardées jusqu'à présent — à l'importation par la frontière anglo-Saloum; à l'exportation par la frontière anglo-Casamance.

26e et 27e Q. — *Dans l'affirmative (voir n° 25) pourrait-on se servir de ces voies? Serait-ce avantageux? Gagnerait-on du temps?*

R. — Il est impossible de se servir des voies que nous venons d'indiquer pour un commerce honnête, normal et régulier. La contrebande s'exerce exclusivement pour le commerce de traite ou d'échange avec des peuplades fort peu civilisées.

28e Q. — *Existe-t-il des droits d'entrée sur les fils et tissus de laine?*

R. — Oui, sauf en Casamance qui est port franc à l'importation mais possède un tarif de sortie.

29e Q. — *Quels sont ces droits dans les diverses contrées visitées?*

R. — Dans tout le Sénégal, les fils et tissus de laine d'origine française paient la taxe générale d'importation de 5 0/0 de la valeur.

Ceux d'origines étrangères, la même taxe, additionnée d'un droit de douane de 7 0/0 de la valeur.

Ainsi que nous l'avons dit à la question 28, l'entrée en Casamance est affranchie de tout droit d'importation et de douane. A la sortie, les produits coloniaux acquittent une taxe de 7 0/0 de la valeur.

Dans les villes de Saint-Louis, Dakar et Gorée, il existe un tarif d'octroi municipal.

Les objets qui nous occupent acquittent un droit de 5 0/0 de la valeur à l'entrée des villes de Saint-Louis et de Dakar. Ils en sont exempts à l'entrée de Gorée.

Ces différents droits sont perçus sur la valeur de facture majorée de 25 0/0. Les 25 0/0 représente les frais quelconques dont la marchandise peut avoir été l'objet de sa sortie de l'usine à l'arrivée en douane à Dakar.

30e Q. — *Existe-t-il des entrepôts où la marchandise puisse être déposée en attendant sa vente définitive?*

R. — Oui. Les négociants moyennant une commission déposée au Trésor ont la faculté d'entrepôt fictif. Les marchandises peuvent passer sous ce régime une période d'une année au bout de laquelle les droits sont liquidés d'office.

Il existe en outre, des magasins de douane où les négociants non admis à l'entrepôt fictif, ou ceux qui manqueraient de place dans leur propre magasin, peuvent laisser leurs marchandises en dépôt un temps indéterminé, moyennant un droit minime variant suivant la nature des marchandises.

On trouvera dans ce rapport au chapitre « Droits de dépôt et de magasinage » les renseignements les plus complets et les plus détaillés sur ce point.

31 Q. — *Les droits d'entrée ne se soldent-ils qu'au moment de l'enlèvement de l'entrepôt?*

R. — Oui, pas avant.

32e Q. — *Indiquer les ports ou villes, où il est possible de centraliser les envois et de les mettre en entrepôt ?*

R. — Entrepôt fictif à Dakar, Rufisque, Gorée, Saint-Louis (Ne pas oublier que Gorée est port franc).

Magasins de dépôt : Tous les bureaux de douanes de la colonie.

33e Q. — *Quels sont les prix pratiqués dans ces lieux ?*

R. — Réponse difficile sinon impossible (Voir n° 5).

34e Q. — *Les paiements se font-ils au comptant ou à échéance ? Fixer les délais.*

R. — A volonté. — A 90 jours avec la France, sauf escompte en cas de paiement plus rapproché. A six mois avec l'Angleterre.

35e Q. — *Les crédits peuvent-ils se modifier en bien ou en mal? A-t-on des moyens d'être renseigné sur ces crédits ?*

R. — Très difficile. Il n'existe, au Sénégal, aucune agence de renseignements.

36e Q. — *Existe-t-il des maisons de banque européennes ?*

R. — Il n'y a ni banques, ni succursales de banques en dehors de la Banque du Sénégal, dont le siège est à Saint-Louis.

37e Q. — *Les banques avanceraient-elles une partie de la valeur de nos marchandises; ou trouveraient-elles des maisons de commission capables de le faire?*

R. — Il m'a été impossible de connaître si la Banque du Sénégal se prêterait à ces combinaisons.— Néanmoins, elle doit le faire le cas échéant, car elle le peut.

38e Q. — *Quelle est la monnaie d'échange? Sa valeur.*

R. — La monnaie française seule. Toute pièce non française est refusée par l'indigène. La pièce est toujours prise pour sa valeur nominale exacte. Néanmoins, les négociants qui se rendraient au Soudan, feraient bien de se munir surtout de monnaie d'argent, l'indigène connaissant beaucoup mieux la valeur d'une pièce en argent de cinq francs, que la valeur de la monnaie d'or.

39e Q. — *Ces pays ont-ils l'étalon d'argent qui perd énormément. Quelle est, dans ce cas, la moyenne du change?*

R. — Pas d'étalon au Sénégal et, par suite, pas de perte au change.

40e Q. — *Les marchandises exportées sont-elles susceptibles d'être majorées pour compenser cette perte?*

R. — La réponse au n° 39 supprime, de fait, la question n° 40.

41e Q. — *Ne pourrait-on pas en arriver à échanger certaines marchandises; par exemple envoyer des fils et tissus... etc. — et de recevoir, en retour, des produits tels que caoutchouc, gomme, gutta, ivoire, etc.?*

R. — Oui, mais dans les escales de traite seulement, où les anciennes habitudes ne sont pas complètement perdues.

L'indigène, aujourd'hui, se rend compte des avantages de la monnaie et il préfère cette dernière aux procédés par voie d'échange. Il acceptera encore pour solde de compte, quelques pièces d'étoffes de guinée qu'on lui cote 10 francs l'une; quelques barres de fer d'une coudée (environ 0^{m},50), représentant un franc chacune; des filières de perles d'une demi-gourde (2 fr. 50), mais c'est là un simple souvenir des anciens usages de traite en nature, usages qui s'effacent peu à peu et disparaîtront complètement dans un avenir très prochain.

Du reste, les produits échangés ne pourraient être que des produits entrés en quelque sorte, dans les traditions d'échange. Aucun produit nouveau n'aurait chance d'être accepté.

Voici comment, aujourd'hui, les choses se passent. L'indigène de la rive droite ou de la rive gauche du fleuve, c'est-à-dire le maure ou le noir, est, dès son arrivée à l'escale, accaparé par des agents de traitants. Le plus habile de ces agents amène l'indigène à son patron qui débat avec lui le prix des produits qu'il apporte : arachide, caoutchouc, gomme, peaux, oiseaux empaillés, plumes, défenses d'éléphant, etc...

Une fois tombés d'accord — et ce n'est souvent qu'après plusieurs jours qu'on en arrive là, — le prix convenu est payé à l'indigène *comptant et en argent*.

A une époque encore très récente, il était payé en marchandises de traite : guinées, barres de fer, sel, verroteries, poudre, fusils, etc..., usage qui, nous l'avons dit plus haut, subsiste encore comme exception, mais devient chaque jour de plus en plus rare.

Le paiement en argent effectué, nouvel accaparement de l'indigène pour l'amener aux boutiques où on tâchera de le délester de ses écus en lui vendant le plus cher possible, tout ce qui flattera sa fantaisie et donnera satisfaction à ses besoins.

Il est à remarquer que fort souvent, les procédés ci-dessus ne sont pas employés à l'usage d'un seul indigène, mais de toute une caravane venant de l'est et apportant des marchandises.

Ajoutons, pour en terminer avec cette intéressante question, que la plupart des « mercantis » qui se livrent à ce genre d'opérations commerciales, n'appartiennent pas à la nationalité française.

42e Q. — *Spécifier quelle marchandise il serait facile d'échanger, leur prix au départ, les frais d'emballage et de transport.*

R. — La réponse à la question 41, répond également à la question 42.

---

d. Facilité des affaires, contestations, litiges juridiction.

43e Q. — *Les affaires sont-elles faciles au point de la réception des marchandises. — En un mot, les négociants du pays cherchent-ils volontiers la petite bête ?*

R. — La généralité du commerce sénégalais est loyale et facile en affaire.

44e Q. — *En cas de contestation, quant aux livraisons et qualités, quelles sont les mesures à prendre ? Quelle juridiction employer ? De même en cas de non-paiement.*

R. — La justice française fonctionne au Sénégal à tous ses échelons : conciliation, correctionnelle, civil, commercial, etc...

45e Q. — *Les affaires litigieuses sont elles résolues vite ou longuement ? Y a-t-il une juridiction pour les européens. Si oui, quelle est-elle ? Si non, dépend-on complètement des hommes de loi du pays pour la défense de ses intérêts ?*

R. — Les choses se passent, en général, comme en France. L'Institution des membrès suppléants de l'ordre judiciaire permet de parer aux vides que les départs peuvent occasionner dans la magistrature et d'assurer *d'une façon continue,* le cours de la justice.

II

Chambre de Commerce de Cambrai

a. Tissus de laine pure ou mélangée

1re Question. — *D'où proviennent généralement les tissus importés?*

Réponse. — Ils proviennent de France, mais ce genre de tissus est aujourd'hui très peu employé au Sénégal par suite de la misère. La laine a cédé la place au coton. Les rares tissus de laine importés sont exclusivement utilisés par les européens.

Pour donner une idée du peu d'importance du commerce des tissus de laine au Sénégal, voici les chiffres qui nous ont été donnés par M. Maine, directeur des douanes de la colonie et qui forment le total des importations lainières pour 1896 :

France	14,302 kil.	val. .	23,385 fr.
Autres pays . . .	44	—	477 fr.

2e Q. — *Quelle est la nature et la composition des tissus utilisés?*

R. — Les indigènes qui achètent encore des tissus pour leurs vêtements nationaux, préfèrent les molletons et les étoffes souples.

Comme coiffure, les Sénégalais emploient des bonnets en drap ou en feutre, genre Fez. Un autre genre de bonnet très porté par la classe populaire est le bonnet de coton noir, genre « casque à mèche ».

3° Q. — *Quelles sont pour les tissus, les nuances les plus usitées ?*

R. — Les blancs, les bleus, les verts, les roses et les violets clairs sont les couleurs élégantes. Les femmes les choisissent pour les longues écharpes, dans lesquelles elles se drapent assez gracieusement, au dessus de leur « boubous ». Selon l'état de fortune de la cliente, ces écharpes ont 3, 4 et quelquefois 5 mètres de longueur sur 0m,60, 0m,80 et parfois un mètre de large.

Les écharpes les plus employées pour le moment sont en cotonnade anglaise.

4e Q. — *Pouvez-vous nous adresser des échantillons des tissus de laine ?*

R. — Inutile en ce qui concerne la clientèle actuelle usant de ces tissus, clientèle rare et qui a les goûts de la population de France. — Impossible en ce qui concerne les indigènes, l'échantillon étant à créer.

5e Q. — *Recherche-t-on en tissus, les qualités fines, moyennes ou communes ?*

R. — Au Sénégal, l'indigène uniquement guidé par le bon marché, ne recherche que les qualités communes. Il juge sur l'aspect sans se préoccuper de la qualité.

6e Q. — *Quelles sont celles qui se vendent le plus ?*

R. — Celles qui ont le plus d'apparence dans les bas prix.

7e Q. — *Quelles sont les largeurs qui conviennent le mieux ?*

R. — De 0m,80 à 0m,90. L'indigène ne se rend pas compte que la surface croît avec la largeur. La longueur seule le préoccupe.

8e Q. — *Quelles longueurs doivent avoir les coupes ?*

R. — Comme en France pour la clientèle actuelle. En ce

qui concerne les femmes indigènes, qui auraient l'intention de s'offrir un « boubou » en laine, les coupes devraient avoir de 3m,50 à 4 mètres de longueur.

Nota. — Le « boubou » est une sorte de blouse ample, sans manche, et généralement de couleur blanche, qui rappelerait la chasuble du prêtre catholique, si le rabat de devant et celui de derrière étaient cousus ensemble dans le quart inférieur des deux côtés.

9e Q. — *Quel est le mode de pliage, d'étiquetage, d'emballage, en un mot quelle toilette faut-il donner aux coupes de tissus?*

R. — Le pliage au mètre et le quintage sont demandés pour faciliter les inventaires qui se renouvellent plusieurs fois dans l'année.

(Le quintage consiste à marquer sur l'un des liserés, à l'aide d'un bout de fil noirci, les distances de cinq mètres en cinq mètres.)

L'indigène achète à même la pièce et se fait couper la longueur qu'il désire. Les pièces sont généralement de 30 mètres.

Le *dioula* (colporteur-revendeur) cherchant surtout le bon marché, ne se préoccupe pas trop de la mesure exacte de la pièce; le prix de cette dernière l'intéresse davantage.

Les pièces doivent être fermées aux deux bouts de façon à être indépliables, sans que la fermeture soit coupée. L'acheteur y voit une garantie.

Il est inutile de parer les pièces; le nègre est peu sensible aux accessoires décoratifs des tissus, alors que cette décoration ne fait pas partie du tissu même.

L'emballage doit se faire par balles pressées, aussi réduites que possible, et solidement cerclées de fer.

On peut, à ce sujet, prendre modèle sur l'emballage anglais.

10e et 11e Q. — *Vend-on par caisses d'une certaine quantité de coupes? Combien de coupes par caisses ?*

R. — *Ad libitum.* — Rouen envoyait autrefois des cotonnades en caisse. On n'en a plus guère vu depuis que Rouen s'est fait évincer du marché par sa prétention d'imposer ses goûts, au lieu de suivre ceux de la clientèle.

12e Q. — *Les métrages doivent-ils être comptés au mètre ou à toute autre mesure?*

R. — On ne connait que le mètre, ou divisions et ses multiples. Les noms français des mesures, appropriés à la phonétique du langage wolof restent suffisamment clairs. Ainsi, mètre se dit : *métar ;* centimètre : *santimétar ;* décimètre : *décimétar.*

13e Q. — *Faut-il établir les prix en francs ou d'après tout autre système?*

R. — En francs, ou en gourdes (la gourde ou *Daaron* vaut cinq francs). Les noirs comptent généralement en gourdes. La demi-gourde s'appelle *Génowal*, le quart de gourde : *transu;* la pièce de cinquante centimes *ranka* ; la pièce de dix centimes *Kopar*. Un sou se dit : *su.*

Certains commerçants, pour flatter les indigènes, mentionnent sur leurs étiquettes, les prix par les désignations équivalentes que nous venons de faire connaître.

14e Q. — *Convient-il de faire des affaires directement ou par intermédiaires?*

R. — Cette question est délicate. Le Sénégal n'a jamais tenté beaucoup les commerçants de notre siècle. Bordeaux, toutefois, n'a pas suivi ce mouvement abstentioniste. Par sa situation particulière, ce port se trouve, du reste, placé dans d'excellentes conditions — en comparaison des autres villes de

France — pour essayer de commercer avec le Sénégal.

Aussi, à l'heure actuelle, cinq ou six maisons bordelaises syndiquées, dont les principales sont : Morel et Prom, Devès et Chaumet, Buhan et Teysseire, considèrent un peu le Sénégal comme un fief, dont elles ont été seules à profiter jusqu'alors.

S'adressser à elles, ce serait se placer sous leurs fourches caudines, et il y a évidemment mieux à faire.

Le commerce actuel du Sénégal est destiné à prendre une large extension, avec la nouvelle voie de pénétration directe vers le Soudan, qui est en train de s'ouvrir.

Or, le monopole des maisons bordelaises n'existe que par l'absence de concurrents sérieux, et il est certain que le développement des affaires avec la colonie, pourrait (sans porter préjudice aux maisons bordelaises qui ont, le bénéfice du premier occupant), permettre à d'autres commerçants d'une autre région de la France de prendre une large place au Sénégal.

Les industriels du Nord, en fils, tissus, quincaillerie, etc., peuvent, dès à présent, se créer des représentants parmi les maisons moyennes. De simples transitaires dans les ports de débarquement suffiraient au début.

15e Q. — *Quels sont les modes de transactions ?*

R. — Comme en France, exactement. La seule différence est que les négociants sénégalais, n'ont pas ce qu'on appelle en France, une clientèle fixe. L'indigène ne revient pas toujours où il a fait précédemment ses emplettes. Quand il se sent quelque argent en poche, il se promène en flâneur par la ville suivi de ses femmes, entrant dans les magasins au hasard, et sans aucun choix arrêté d'avance. Il ne retourne dans sa brousse, que lorsque ses écus sont dépensés. Sauf caprice de la femme préférée, son seul objectif est l'objet qui coûte le moins cher.

16e Q. — *Quels sont les délais de paiement et comment s'effectuent-ils ?*

R. — Les articles français à 90 jours, sauf escompte en cas de paiement anticipé. L'article anglais se règle à 6 mois.

Les règlements s'effectuent généralement en traite à 105 jours, 1 0/0, de la Banque du Sénégal sur le comptoir d'Escompte à Paris.

17e Q. — *Un mot sur le change. — De son influence et de ses conséquences au point de vue des contrats commerciaux.*

R. — Le change pris par la Banque du Sénégal est, à l'heure actuelle, de 1 0/0 ainsi que nous l'avons dit dans la réponse à la question 16.

Il arrive aussi que lorsque les grandes maisons ont des besoins de numéraire *métal*, elles ramassent celui qu'elles peuvent se procurer et donnent en échange des traites gratuites, sur leurs correspondants de France ou du continent.

Le change sur le métal n'existe pas. Il ferait plutôt prime, car on démonétise beaucoup pour fabriquer des bijoux en argent.

Les questions 18, 19, 20 ayant trait au change, ont leurs réponses à la question 17.

21e Q. — *Y a-t-il des banques françaises et dans quels centres ?*

R. — La Banque du Sénégal est la seule existant dans la colonie. Pourtant, il arrive depuis quelque temps, des factures portant la mention : « A régler à l'Agence des Messageries Maritimes à Dakar ».

22e Q. — *Quels sont les droits de douane ?*

R. — Douane. — Marchandises françaises 5 0/0 ad val. (droit d'importation).

Marchandises étrangères 5 0/0 ad val. (droit d'importation) ; 7 0/0 en sus (droits de douane).

Octrois municipaux. — *Consommation intérieure :* Saint-Louis et Dakar, 5 0/0.

A Gorée, la bonneterie paye 5 0/0; les autres tissus sont exempts de tous droits, Gorée étant port franc et échappant ainsi aux droits de douane et d'importation.

23e Q. — *Quels sont les moyens d'introduction ?*

R. — La voie maritime jusqu'à Dakar, la voie ferrée de Dakar à Saint-Louis, la voie fluviale de Saint-Louis à Kayes (Soudan français).

24e Q. — *Quels sont les moyens de transport les plus économiques et les plus rapides ?*

R. — Pour les grosses marchandises, les voiliers;

Pour les marchandises de prix, les paquebots réguliers.

25e Q. — *Quelles lignes faut-il employer pour la correspondance et les télégrammes ?*

R. — Les départs de Bordeaux et de Marseille sont les plus réguliers. Pour la rapidité, il est prudent d'écrire sur les enveloppes : *Vià Bordeaux*. La correspondance télégraphique passe par une seule ligne. Le câble Cadix — Ténériffe — Dakar.

En cas de rupture de ce câble, il en existe un autre par l'île Madère, mais le tarif qui est 1 fr. 50 le mot pour le premier, est de 5 fr. 25 le mot pour le second.

26e Q. — *Quelles sont les provinces qui utilisent plus spécialement les tissus de laine pure ou mélangée ?*

27e Q. — *En dehors de celles-ci, y en a-t-il encore d'autres susceptibles de devenir nos clientes ?*

R. aux Q. 26 et 27. — Pour le moment, les villes européennes seulement : Gorée, Rufisque, Dakar, Saint-Louis, puis, très secondairement Foundiougne, et Kaolak dans le Saloum, Carabane et Sedhiou dans la Casamance. Ces quatre villes sont des centres administratifs.

L'importation des tissus de laine en vue de l'indigène, est encore à créer. Pour y arriver, peut-être conviendrait-il d'adopter les genres tunisien, algérien et marocain, avec une marque d'origine ou soi-disant telle, en caractères arabes.

On peut aussi tenter d'entrer en relations avec quelques marocains bien posés; M. Maine, directeur des douanes au Sénégal, m'a indiqué M. Hamet-Ben-Galeb de Saint-Louis, qui est un négociant honnête et estimé.

28e Q. — *Quelle est votre opinion sur l'honorabilité des acheteurs ? Sont-ils corrects ? Respectent-ils leurs engagements ? En avez-vous la preuve ?*

R. — Il y a comme partout, des commerçants honnêtes et corrects, et d'autres qui ne le sont pas. Il n'existe point de groupement compact du petit commerce. Les grosses maisons Bordelaises forment par contre, une sorte de syndicat, puissant par son action commerciale autant que par ses capitaux. Tout le commerce du Sénégal est un peu sous la domination de ces maisons, dont les plus importantes, déjà citées plus haut, sont : Devès et Chaumet, Morel et Prom, Buhan et Teysseire.

A Saint-Louis, les seules maisons moyennes un peu anciennes, sont la maison Aumont, successeur de Blanchard et la maison Cros, ancienne maison Blanchard et Cros.

En général, le petit commerce est honnête.

29e Q. — *En plus de ces questions, ajoutez tous renseignements utiles à la Chambre de Commerce de Cambrai.*

R. — La maison Claude Gaillard, à Saint-Louis et sa succursale prochaine Joseph Gaillard, à Kayes, au Soudan, se tient complètement à la disposition de la Chambre de Commerce de Cambrai, pour tous les renseignements qu'elle pourrait avoir à lui demander. Elle accepterait également d'être dépositaire de tous les échantillons que l'on voudrait lui confier, et de toutes les marchandises dont on voudrait lui faire essayer la vente.

Cette jeune maison, montée par trois frères, nés de parents français, mais connaissant admirablement le Sénégal, où ils ont été élevés, semble appelée à un avenir prospère. M. le Directeur des Douanes, considère les frères Gaillard, comme étant d'une honorabilité parfaite et d'une grande sûreté en matière de relations commerciales.

---

b) TISSUS DE LIN

(Toiles, batistes et linons.)

1re QUESTION. — *D'où sont importés ces articles?*

RÉPONSE. — Pour 1896, les quantités importées ont été de :

Tissus de lin ou de chanvre, originaires de :

France.	64.837 kil.	val.	76.474 fr.
Angleterre.	58.038	—	80.306
Etats-Unis.	30.250	—	47.110
Autres pays. . . .	4.550	—	8.020

2e Q. — *Y a-t-il des droits d'entrée à acquitter?*

R. — Origine française 5 0/0 ad. val. droit d'importation.

Origine étrangère 5 0/0 ad. val. droit d'importation, avec 7 0/0 en sus, droits de douane.

Octroi municipal.

Saint-Louis 5 0/0 de la valeur.

Dakar, 5 0/0.

Gorée aucun droit.

Valeurs facturées majorées de 25 0/0.

3e Q. — *Comment se font les achats et règlements ?*

R. — Se reporter au questionnaire précédent (n° 14 à 17). C'est exactement la même chose quelle que soit la marchandise.

4e Q. — *Le Sénégal ne pourrait-il pas utiliser les produits liniers, notamment les fins produits, tels que les batistes et linons qui sont l'objet principal de la fabrication et du commerce des tissus de lin dans le Cambresis ?*

R. — Les chiffres donnés plus haut se rapportent uniquement aux tissus et toiles de lin ou de chanvre, tissus pour costumes, pour draps de lits, etc., plutôt gros et communs, destinés aux Européens et à ceux des Noirs, peu nombreux, vivant plus ou moins à l'européenne.

La partie élégante de la population fait venir tous les objets fins des maisons de confection de Paris ou de Bordeaux. Le manque d'ouvrières habiles empêche de confectionner, même à Saint-Louis, et, par suite, de débiter sur place les fins tissus en pièce.

Quant à l'élément indigène, ses femmes adorent les belles broderies sur beaux tissus, mais le coton a suffi jusqu'à ce jour, à satisfaire leurs goûts. C'est surtout une question de bon marché qui les obligent à faire des choix de ce genre, la misère étant grande actuellement, au Sénégal.

5e Q. — *Qu'y aurait-il à tenter pour en répandre l'usage ?*

R. — D'abord produire et vendre à meilleur compte que

les Anglais. Diminuer, autant que possible, l'écart entre le prix de ces articles et celui des articles de coton qui, ainsi qu'on a pu le voir par ce qui précède, tiennent le haut du marché.

Quelques cadeaux habilement placés chez des femmes indigènes en vue pourraient peut-être faire prendre la mode des tissus fins.

6e Q. — *Donner tous renseignements utiles dans le genre de ceux demandés pour les tissus de laine.*

R. — Tous les renseignements donnés au questionnaire précédent (n° 29), peuvent s'appliquer à celui-ci.

Il n'y a qu'une façon de faire les affaires au Sénégal.

Aussi ne puis-je que répéter : La maison Claude Gaillard, de Saint-Louis, se met à la disposition de nos Chambres de commerce d'une façon absolue pour donner tous les renseignements qu'on pourrait avoir à lui demander et pour accepter des dépôts d'échantillons ou de marchandises à l'essai.

Ces jeunes gens sont intelligents et probes. Ils méritent toute confiance.

---

c) SUCRE

1re QUESTION. — *Quelle semble être la consommation totale et individuelle?*

R. — Renseignement impossible à donner, les statistiques n'existant pas au Sénégal. Les recensements y sont plus qu'approximatifs.

2e Q. — *En quel état le sucre est-il consommé par la population pauvre ?*

R. — Le sucre est consommé par la population indigène sous la forme de cassonnade brune ou blonde.

Dans les escales de traite, on le consomme dans les boissons. Les Maures qui apportent des denrées boivent une sorte de mélasse battue dans l'eau.

3° Q. — *En quel état le sucre est-il consommé par la population riche?*

R. — La population blanche et celle qui cherche à la copier dans ses modes, dans ses goûts et dans ses usages consomment le sucre en pain. On vend non seulement le sucre en pain, mais aussi en boîte.

Les boîtes qui contiennent des morceaux sciés sont de 1 kilogr. ou de 500 grammes.

4° Q. — *Quels prix coûtent les différentes qualités de sucre?*

R. — Cassonnade brute, par barrique, 33 fr. les 100 kil.
— blonde, — 38 fr. —
Au détail, l'une et l'autre : 0,40-0,50 cent. le kilo.
Sucre raffiné en pains : 0,60 le kilo, 55 fr. les 100 kil.
— scié, en boîtes de 1 kilo, 0,75 à 1 fr. le kil.
— — — 0 k. 500. En gros, 66 f. les 100 kilos.
— pilé — Insignifiant.

5° Q. — *Y a-t-il un droit de consommation?*

R. — Il n'y a pas de droits de consommation.

6° Q. — *Y a-t-il un droit d'entrée?*

R. — Oui. Les droits d'entrée sont les suivants, selon l'origine : Origine française, droit général d'importation 5 0/0 de la valeur; origine étrangère, le même droit de 5 0/0 plus un droit de douane de 7 0/0, soit, au total, 12 0/0.

Comme droits d'octroi, le sucre paye un droit de 5 0/0 ad. val. à Saint-Louis et à Dakar. Rien à Gorée.

7° Q. — *Où la consommation s'alimente-t-elle?*

R. — Voici le détail des importations de sucre en 1896 :

Sucre brut.

France.	854.291 kil.	val.	341.676 fr.
Angleterre. . . .	48	—	19

Sucre raffiné.

France.	649.591 kil.	val.	380.211 fr.
Angleterre. . . .	1.730	—	1.038
Allemagne. . . .	875	—	525
Autres pays. . .	12.819	—	7.696
Total général.	665.015 kil.	val.	389.470

On voit que la consommation s'alimente presqu'exclusivement en France. Tout le sucre arrivant au Sénégal a des certificats d'origine française délivrés par les ports douaniers français. La qualité se rapproche beaucoup de celle du sucre allemand consommé sur la frontière de l'Est.

Le sucre français consommé là-bas est moins blanc et moins compact que celui-ci qui se consomme dans nos régions.

8° Q. — *Quelle quantité est fabriquée dans le pays?*

R. — Pour l'instant, cette quantité est nulle. Cependant la canne à sucre pousse au Sénégal et y prend, depuis peu, un certain développement.

Les questions 9, 10 et 11 demandant le prix de revient, le mode de fabrication et les chances de développement dans la population indigène trouvent leur réponse à la question 8.

12° Q. — *Sous quelles formes et comment nos sucres de betteraves seraient-ils le plus facilement introduits?*

R. — En paquets de sucre scié de 1 kilo et de 500 gr., même de 250 gr.

La boîte de sucre constitue une sorte d'unité de convention. Les Noirs achètent toutefois de préférence les plus petites parce qu'elles coûtent moins cher et que dans leur conversation, toujours un peu vantarde, ils se flattent volontiers du nombre de boîtes dont ils se sont approvisionnés, mais sans préciser le poids de la boîte.

On pourrait agrémenter les boîtes de gravures de couleurs vives et tranchantes, mais à condition de ne pas augmenter les prix.

Éviter d'employer la représentation de la figure humaine, chose réprouvée par l'Islam, religion du plus grand nombre.

13e Q. — *D'où viennent les sucres d'importation?*

R. — Voir la réponse à la question n° 7.

Nota. — M. Pellegrin, négociant à Saint-Louis, rue Nationale, m'apprend que le sucre le plus prisé des indigènes depuis quelque temps est un sucre en pain, à très gros grains, à légère odeur, que Marseille expédie en pains de 2 kil. et au-dessus. Enveloppe bleue, marque en caractères arabes or sur rouge.

M. Pellegrin se tient à la disposition de la Chambre de commerce de Cambrai et des autres Chambres de commerce pour tous les renseignements qu'elles pourraient avoir à lui demander.

---

d) Tulles et dentelles

(Articles de Caudry.)

1re Question. — *Quelle est la manière d'acheter?*

R. — Les grosses maisons achètent tout en fabrique.

Les moyennes et petites maisons s'adressent à des commissionnaires de Bordeaux qui prennent des deux mains et reçoivent à la fois une commission du fabricant et une du marchand.

Ces intermédiaires onéreux se font tolérer par le crédit qu'ils accordent à leurs clients, moyennant intérêts, bien entendu. Ce crédit est précieux aux Sénégalais, car il leur permet d'attendre la fin de la traite (saison de vente) pour faire leurs règlements.

2° Q. — *Quelle est la manière de régler?*

R. — Les règlements se font généralement en traite à 45 jours et à 1 0/0 de la Banque du Sénégal sur son correspondant à Paris (Comptoir d'Escompte).

Lorsque les grosses maisons ont besoin de numéraire elles prennent celui qui se trouve sur la place, afin de s'éviter les frais d'un envoi de Paris. Elles donnent en échange, aux détenteurs de numéraire qui ont des envois à faire en Europe, des traites gratuites sur leurs correspondants dans le pays indiqué.

3e Q. — *A combien de jours règle-t-on habituellement?*

R. — Avec les fournisseurs de France à 90 jours, sauf escompte en cas de paiement anticipé; avec les Anglais à 6 mois aux mêmes conditions.

Avec les commissionnaires au gré des conventions particulières.

Il y aurait intérêt à supprimer l'intermédiaire par une entente directe entre le producteur français et le vendeur indigène.

Le producteur français devrait, comme le fait l'anglais, être plus large sur le crédit et le pousser jusqu'à six mois et même au delà. Le long crédit est une des causes, parmi bien d'autres, de la préférence donnée aux Anglais.

4e Q. — *Y a-t-il des nuances qui soient préférées et dans quels articles?*

R. — Jusqu'à présent, les articles *à peu près* similaires

de ceux qui nous occupent ont toujours été offerts en blanc.

Les indigènes des villes et faubourgs qui adorent la fanfreluche, les broderies et les dentelles, n'ont à leur disposition que des dentelles assez grossières de coton. L'indigène est en ce moment très appauvri, aussi ne peut-il acheter que des articles bon marché. Si la prospérité revient au Sénégal, rien ne lui coûtera. Certains négociants de Saint-Louis pensent que des fleurs de couleurs naturelles entremêlées dans les dentelles pourraient tenter les indigènes. En tout cas, il conviendrait d'essayer prudemment, si on voulait faire cette tentative.

5e Q. — *Nos prix sont-ils en rapport avec ceux de nos concurrents?*

R. — Il m'est impossible d'établir une comparaison, car j'ignore les tarifs actuels. Néanmoins les établissements sénégalais dont j'ai déjà cité les noms et qui ne demandent qu'à entrer en relations avec la Chambre de commerce de Cambrai, donneraient sur ce point des renseignements précis. Toutefois, d'après les déclarations de certains négociants de Saint-Louis, nous facturons plus cher.

6e Q. — *Nous dire si nos concurrents n'ont pas quelques avantages sur nous, sur les moyens de communication, sur l'entrée des marchandises, etc.*

R. — Aucun avantage, au contraire. Tous les objets d'origine étrangère sont frappés d'un droit de douane de 7 0/0 que ne supportent pas les marchandises d'origine française. Ces dernières payent simplement les droits d'importation de 5 0/0, mesure générale pour tous produits français et étrangers.

Les droits d'octroi à Saint-Louis et Dakar sont de 5 0/0.

Aucun droit à Gorée, ni droits d'importation, ni droits de douanes.

7e Q. — *S'il est employé des articles au Sénégal, qui semblent se rapprocher de notre fabrication, ne pourrait-on pas en avoir des échantillons avec des renseignements?*

R. — Je fais parvenir à la Chambre de Cambrai, en déposant mon rapport, quelques échantillons des trois types les plus courants en *dentelles de coton*. Ces articles se vendent beaucoup aux négresses. Quant aux dentelles proprement dites, quelle qu'en soit la matière, il n'y en a que très exceptionnellement dans le commerce, par petites quantités, et ce genre d'articles n'est acheté que par les femmes de fonctionnaires et par les rares dames du pays suivant les modes européennes.

Les échantillons déposés sur le bureau de la Chambre de commerce de Cambrai sont d'origine anglaise. Ils se prennent à la coupe de onze mètres. Cependant si le client demande des coupes de longueur différentes, elles lui sont fournies, mais le prix est toujours facturé par unités de onze mètres.

Le n° 1	facturé	0.40	par pièce de 11 mètres	est vendu		0.10 cent.
Le n° 2	—	0.80	—	—	—	0.15
Le n° 3	—	1.05	—	—	—	0.20

En s'adressant à la maison Claude Gaillard, à Saint-Louis, on obtiendra des renseignements complémentaires et absolument sûrs.

III

Chambre de commerce de Tourcoing.

1re Question. — *Exportation des produits naturels du Sénégal en France. Principaux produits et plus particulièrement laine, coton, soie, chanvre, jute, ramie, arachides, peaux, bois de teinture, caoutchouc, ivoire.*

Où ces différents produits sont-ils exportés ? En quelles mains se trouve ce commerce d'exportation ?

Les moyens de transport soit de l'intérieur aux ports, soit de la colonie à la métropole, sont-ils faciles ? Quels prix, si possible ?

Réponse. — Des produits énumérés, le Sénégal n'exporte que les peaux, les arachides, les caoutchoucs; à cette liste, il faut ajouter les amandes de palme, l'huile de palme, l'huile de Touloucouna, les gommes et un peu d'ivoire.

A la fin des questionnaires des chambres de commerce, j'ai placé, du reste, un état des produits de la colonie exportés en 1896. M. Maine, directeur des douanes au Sénégal, a bien voulu, avec une complaisance dont il m'a donné maintes preuves, en m'aidant de renseignements précieux, me permettant de répondre avec précision aux questions posées par les chambres de commerce, M. Maine, dis-je, a établi lui même le tableau très complet des produits exportés. (Voir à la fin des questionnaires.)

Il n'y a pas trop à se préoccuper des moyens de transport de l'intérieur à la côte. Les indigènes y apportent eux-mêmes leurs produits ou les font porter.

Toute la région de Saint-Louis à Dakar (c'est-à-dire le Walo, le Djoloff, le Cayor, le Baol), est drainée par le chemin de fer dont presque toutes les stations sont devenues des escales de traite. Les plus importantes sont : Rufisque, Thiès, Tiwawâne, Kellé, Louga ; les autres telles que Sébikotane, Pont, Pire-Goureye, N'Dande, Kebemer, etc..., prennent chaque jour de l'extension.

Au sud, la région Sérère, le Saloum et le Sine, après avoir concentré leurs produits sur des marchés de l'intérieur, les portent à la côte, soit à Rufisque, ville importante, entrepôt du Cayor, du Baol et des pays Sérères, soit à Nianing ou à Joal, petits ports accessibles aux côtres et aux goélettes, soit à Kaolak ou à Foundiounge, ports importants sur la rivière du Saloum.

Ces transports se font à dos de chameaux, à dos de bœufs porteurs ou à l'aide de porteurs selon l'importance des fardeaux. On parle d'introduire des charrrettes à bœufs. Ce serait une innovation.

La Casamance exporte ses arachides et ses produits par le port de Carabane, après les avoir centralisés à Sedhiem et à Zighincher, point en passe de devenir très important.

Malheureusement, plus de la moitié des produits, récoltés dans cette riche région, nous échappe et s'en va par l'intérieur et par les marigots (cours d'eau) alimenter les marchés de la Guinée anglaise.

La plupart de ces produits arrivent en France par des bateaux appartenant aux maisons sénégalaises. Beaucoup de steamers anglais et allemands chargent aussi dans nos ports.

2e Q. — *Importation au Sénégal des produits manufacturés français. Principaux articles d'importation et leur provenance.*

R. — Les produits manufacturés français ne forment guère plus du tiers de l'importation sénégalaise.

Cela tient à plusieurs causes.

D'abord, l'indigène du Sénégal jadis riche, aujourd'hui ruiné, pauvre, prise avant tout le bon marché. Il ne tient compte ni de la qualité, ni de la durée probable de l'objet.

Or, sur le chapitre du bon marché, nous sommes primés par les Anglais et les Allemands et, depuis quelque temps, par les Belges et les Hollandais.

Ensuite, nos fabricants, sous le prétexte spécieux que la France est l'arbitre du goût (en réalité par routine), refusent de modifier leur outillage ou de changer leurs dessins selon le goût de la clientèle.

Ils ont cherché à imposer leur manière, leur coupe, leurs modèles à une clientèle qui, ayant d'autres goûts, est allée chercher la satisfaction ailleurs.

Nos concurrents, au contraire, se sont mis au service de la clientèle et lui ont fabriqué ce qu'elle désirait.

Pour des commandes relativement faibles, ils ont exécuté ce qu'on leur demandait.

Pour cinq pièces commandées, ils changent au gré du client la longueur des coupes, les dessins, mode de pliage, de paquetage, d'emballage, tout enfin.

En un mot, ils se mettent à l'entière disposition de ceux dont les commandes font prospérer leur industrie.

Il faut en arriver là où se résigner à nous voir

expulser successivement de tous les marchés, même de ceux qui semblent nous appartenir le plus légitimement, de ceux que nous avons ouvert au prix de notre sang. Témoin le Sénégal où nous luttons péniblement contre l'Angleterre pour l'importation des tissus et où nous n'entrons même pas en ligne pour celle des alcools, alors que nos distilleries de la métropole arrivent difficilement à trouver le placement de leurs produits.

Il est vrai qu'en ce qui concerne les alcools, une modification profonde semble à la veille de se produire : Nous sommes entrés, à ce sujet. dans certaines explications au chapitre « Industries nouvelles ».

Les principaux articles d'importation sont :

Les *conserves* de toute sorte, *viandes*, *poissons*, *légumes*, *fruits*.

Origine française.	165.950 kil.	val.	288.956 fr.
Origine étrangère.	26.502	—	45.188

Les fromages

Origine française.	29.465 kil.	val.	82.274 fr.
Origine étrangère.	758	—	1.443

La farine de froment

Origine française.	784.738 kil.	val.	266.220 fr.
Origine étrangère.	44.000	—	18.350

Les biscuits de mer

Origine française.	499.891 kil.	val.	250.106 fr.
Origine étrangère.	5.400	—	2.537

Le riz

Origine française.	7.344.896 kil.	val.	1.542.425 fr.
Origine étrangère.	618.924	—	129.869

Les sucres

Origine française.	1.503.881	kil. val.	721.887 fr.
Origine étrangère.	2.658	—	1.582

Les houilles

France.	403.000	kil. val.	19.000 fr.
Autres pays. . . .	17.593.000	—	706.300

Les pétroles

France.	2.529	kil. val.	1.292 fr.
Etats-Unis.	40.208	—	15.867
Autres pays. . . .	31.769	—	12.708

Les fers en barre (article d'échange)

France.	65.261	kil. val.	16.315 fr.
Autres pays. . . .	266.771	—	62.189

Les vins (vermouth compris)

France. 850.000 fr. Autres pays. 30.000 fr. environ.

Les alcools

On n'a pu me donner des chiffres précis, mais, en tous cas, la France fournit un chiffre très infime, comparativement à l'Allemagne et à la Belgique.

Cette situation se modifiera prochainement par suite de l'installation d'une fabrique d'alcool de grains au Sénégal.

Les fils de coton

France.	30.211	kil. val.	39.703 fr.
Autres pays. . . .	95.851	—	134.473

Les guinées (article d'échange)

Les tissus de coton et autres. (Voir plus loin, à la lettre C.

Les tissus de lin et chanvre (gros tissus)

France.	64.837	kil. val.	76.474 fr.
Autres pays. . . .	92.838	—	132.436

Les tissus de laine

France.	14.302 kil. val.	23.835 fr.
Autres pays. . . .	44 —	477

Les ouvrages en fonte et en fer

France.	215.792 kil. val.	396.213 fr.
Autres pays. . . .	29.610 —	39.534

La bimbeloterie (article d'échange)

France. Néant. Autres pays. 45.207 kil. val. 44.484 fr.

La mercerie

France.	14.700 kil. val.	16.000 fr.
Autres pays. . . .	22.364 —	26.493

Modes et effets confectionnés

France.	59.035 kil. val.	629.332 fr.
Autres pays. . . .	17.957 —	107.673

3e Q. — *Trouve-t-on au Sénégal, le débouché pour les articles suivants :*

A. — Tissus légers en laine pour robe de femme, mousseline, serge, étamine, etc...

B. — Draperie légère pour hommes?

R. — (*A* et *B*). — La balance du Sénégal présente les tissus en bloc, abstraction faite des espèces diverses.

Le peu d'importance de ces articles jusqu'à ce jour, sauf les tissus de coton, en est cause.

Il n'est donc pas possible de donner la proportion des tissus légers de laine pour toilettes de femme et draperie légère pour hommes.

C. — Cotonnades; quel genre ?

R. — Les cotonnades (guinées, indiennes, tissus de ménage, madapolam divers, tissus épais et légers, molletons, etc...) ont donné les chiffres suivants en 1896 :

Guinées

	Kilos	Valeurs
Inde française.......	580.282	2.539.327 à 7 fr. la pièce.
Inde anglaise........	3.360	12.562 à 7 —
Inde hollandaise......	1.800	7.200 à 8 —
Sucreton de l'Inde anglaise...........	754	5.757 fr. sur facture.
Guinée française.....	131.945	699.058 à 7 fr. la pièce.
» anglaise.....	16.260	183.201 à 7 —
Autres pays.........	322.460	1.682.277 à 8 —

Guinées de France : 0 fr. 25 par mètre; guinées étrangères : 0 fr. 25, plus 0 fr. 06 par mètre; octroi : 5 p. °/ₒ à Saint-Louis et à Dakar.

Autres tissus de coton et divers

Origine française.	128.667 kil.	val.	640.072 fr.
Origine anglaise.	643.225	—	2.589.437
Origines diverses.	204.691	—	1.212.888

D. — Bonneterie de coton.

R. — La bonneterie de coton, au Sénégal, n'est guère représentée que par une espèce de bonnet forme casque-à-mèche, en coton noir. Ce bonnet de coton sert de coiffure à la basse classe. Il vient d'Angleterre. Il y a aussi les gilets de tricot dont l'usage commence à se répandre. Enfin, les indigènes des villes — nous parlons seulement de l'élément élégant — commencent à porter des chaussettes.

En réalité, les chiffres de vente de la bonneterie sont peu considérables.

E. — Laine filée à tapisserie.

R. — La laine filée n'a pas d'écoulement au Sénégal. Il en a été importé en 1896 : 130 kilos; valeur, 650 francs. Cette dépense a été faite d'une d'une façon presque exclusive dans les écoles de filles, pour des leçons de tapisserie.

F. — Tissus d'ameublement. Tapis.

R. — Les étoffes pour ameublement en laine ne sont point pratiques. Elles se ternissent rapidement et, si l'on n'est pas toujours à les battre, la vermine les rongent.

Les tissus d'ameublement lourds, en jute ou textiles similaires, travaillés à l'apprêt, gras et huileux, se conservent très bien au Sénégal, mais ils n'y sont guère connus.

Les meubles sont généralement cannés, en osier ou imitation bambou. En guise de tapis on a des nattes marocaines.

4e Q. — *Comment s'effectue le commerce d'exportation :*

1° Par voyageur de commerce ou représentant ?

2° Par l'entremise de négociants en gros ?

3° Existe-il des maisons d'importation traitant plus spécialement les produits français? Jouissent-elles d'un bon crédit? Ont-elles une organisation suffisamment pratique pour trafiquer avantageusement soit avec les consommateurs indigènes, soit avec la population européenne ?

R. — Le commerce s'effectue comme suit :

Les grosses maisons qui sont à la fois armateurs, négociants en gros, fabricants pour certains produits, débitants au détail, prennent indifféremment ce qu'elles ne fabriquent point, chez les producteurs français et étrangers. Leur siège est à Bordeaux. Elles ont au Sénégal des agences vendant en gros et alimentant leurs magasins de détail. Tous les employés de ces agences sont logés et nourris à l'agence ou maison mère.

Au-dessous de ces grosses maisons qui sont syndiquées et se donnent un appui mutuel, vit comme il le peut, le moyen commerce, et aussi le petit qui ne font guère que « ramasser les miettes ».

La puissante organisation bordelaise explique, dans une certaine mesure, l'état de stagnation où se trouve le Sénégal. La colonie semble, en quelque sorte, fermée à toute modeste tentative individuelle. Un groupement seul pourrait changer la face des choses.

Le commerce secondaire s'approvisionne dans les cas urgents aux grandes maisons bordelaises, mais, habituellement, il fait ses approvisionnement par l'entremise de commissionnaires.

Les commerçants sénégalais sont obligés de subir les exigences onéreuses de ces derniers, parce que, en échange, ils leur accordent (avec intérêt, bien entendu) un crédit leur permettant d'attendre la fin de la traite pour effectuer leurs règlements.

Pour les remises à faire, le système est des plus simples.

La Banque du Sénégal délivre des traites à 45 jours de vue et à 1 p. % sur le comptoir d'Escompte, de Paris.

J'ai expliqué plus haut que lorsque les maisons bordelaises ont besoin de numéraire, elles délivrent volontiers, en échange de ce dernier, des traites gratuites tirées sur leur correspondant du pays désigné.

Il n'y a donc, en réalité, pas de papier local.

Les délais — déjà indiqués plus haut — sont, avec la France, 90 jours; avec l'Angleterre, 6 mois.

C'est ce qui explique, en partie, l'extension sans cesse grandissante du commerce avec les Anglais.

5e Q. — *Existe-t-il des maisons anglaises et allemandes? Prospèrent-elles ?*

R. — Il existe une maison américaine à Gorée (tabacs en feuilles), c'est la maison Strickland et deux maisons allemandes (maisons de traite), la maison Braün à Thiès et la maison Hartmann à Tiwawâne. Ces trois maisons semblent bien faire leurs affaires.

***

Les questions 6 et 7 — demandant comment se traitent les affaires et demandant également des renseignements, etc... — trouvent leurs réponses à la question 4.

***

N'y aurait-il pas lieu d'étudier les voies et moyens de créer, pour le Sénégal, une compagnie commerciale sous le contrôle de l'Etat, dans le genre des anciennes compagnies de colonisation ou de celle qui fonctionne actuellement pour le Congo belge ?

R. — Le commerce moyen et le petit commerce seraient heureux de l'établissement d'une compagnie de colonisation du genre de celle indiquée par le questionnaire de la chambre de commerce de Tourcoing.

Cette création contrebalancerait l'influence du puissant syndicat bordelais et l'émulation qui en résulterait, ne pourrait que produire des résultats féconds dans le sens du progrès, et fort appréciables pour les industriels et négociants de la métropole, ainsi que pour ceux de la colonie.

ANNEXE

aux questionnaires des Chambres de Commerce.

SAINT-LOUIS. — *Arachides.* — Proviennent du Walo, de la banlieue de Saint-Louis et du Cayor septentrional. Sont importées par les vapeurs alimentant Saint-Louis.

Gommes. — Du Soudan et de l'Ardrar. Les opérations commerciales sont traitées dans les escales du fleuve Sénégal, à Kayes, Medine et dans d'autres villes du Soudan français.

DAKAR. — Port centralisateur. Tout ce qu'il exporte arrive de tous les points de la colonie; les peaux d'animaux et les plumes d'oiseaux proviennent de l'intérieur; les arachides, du Cayor; les gommes, de la Falémé et du Cayor; les caoutchoucs, du Soudan et des pays sérères.

RUFISQUE. — Entrepôt de la côte. A détrôné Gorée dans ce rôle. Port d'avenir et qui semble appelé à être un jour prochain le grand port commercial du Sénégal, Dakar devant être prochainement converti en port militaire.

Les *peaux brutes* viennent du Saloum, des pays sérères, du Cayor méridional, du Djolof.

Les *oiseaux vivants.* — De toute la région au sud du Saloum.

Les *arachides.* — Du Djolof, du Cayor.

Les *caoutchoucs.* — De la région sérère et de la Casamance (par mer).

NIANING et JOAL. — *Arachides.* — Du Sine, du Baol et des pays sérères. Les Sérères composent la population la plus agricole du Sénégal.

FOUNDIOUGNE. — *Peaux d'oiseaux.* — Du Saloum, du Riff et de l'intérieur.

Arachides. — Du Sine, du Saloum, du Riff et un peu des pays sérères.

Gommes. — De l'intérieur.

CARABANE. — *Amandes de palme.* — Produit de la haute Casamance, centralisé sur divers points de la région, mais exporté par Carabane.

Arachides. — Même indication.

Caoutchoucs. — Haute Casamance, Firdou, Fouladou.

*
* *

Une quantité considérable de ces produits est dirigée sur la Gambie anglaise par les marigots intérieurs, pour alimenter le marché de Bathurst. La contre-partie nous revient sous la forme de produits anglais.

*
* *

Le Bintamaré, dont d'assez grandes quantités sont exportées par Dakar et Rufisque, est une graine (genre légumineuses) demandée par Marseille.

On pense que cette graine est employée en teinture.

CHAPITRE II

LE CAOUTCHOUC EN CASAMANCE

M. Adam, administrateur du district de Casamance, a publié ces temps derniers, une étude remarquable sur la culture du caoutchouc de Céara, dans la pépinière de Sedhiou.

On trouvera aux *Pièces Annexées*, une partie du rapport de M. Adam.

Voici d'après le relevé fait par le très distingué administrateur de la Casamance, le mouvement commercial provoqué dans ce district durant ces dernières années :

* * *

L'introduction du commerce du caoutchouc en Casamance date de 1883.

Voici les chiffres donnés par la statistique.

STATISTIQUE :

1883. — 59.623 kilos.
1884. — 103.347 kilos.
1885. — Les résultats manquent.
1886. — id.
1887. — 150.000 kilos.
1888. — 128.807 kilos : valeur du kilo : 3 francs.
1889. — 96.863 kilos : id.
1890. — Les résultats manquent.
1891. — 139.169 kilos : valeur du kilo : 3 francs.
1892. — 193.135 kilos : id.
1893. — 238.471 kilos : id.
1894. — 396.553 kilos : valeur du kilo : 2 fr. 50.
1895. — 144.582 kilos : valeur du kilo : 3 fr. 50.
1896. — 126.878 kilos : id.

Les résultats de l'année 1887 prouvent que le caoutchouc

s'est fait une place honorable en Casamance à côté du produit local, l'arachide.

On constate une diminution durant les années 1888, 1889, 1890, puis à partir de cette date jusqu'à 1894, la production va en s'augmentant pour retomber en 1895 et 1896.

*
* *

M. Adam explique les raisons de ces fluctuations de la manière suivante :

*
* *

« De 1883 à 1887, les recettes augmentent progressivement; 4 maisons de commerce qui, jusque-là, n'exploitaient que l'arachide, se lancent, timidement d'abord, puis, avec plus de confiance, vers ce nouveau produit; vers 1888, une baisse a dû se produire sur le marché européen et les maisons, très prudentes, ont enrayé leurs achats; enfin, vers 1890, il se produit quelque changement dans l'organisation des maisons de commerce établies en Casamance; aussi, vers 1892, voyons-nous les chiffres augmenter et atteindre en 1894 leur plein épanouissement : c'était dans l'ordre des choses; à partir de cette époque, la diminution très sensible qui s'accuse est due à plusieurs considérations dont la principale est la suivante :

Pendant les années qui ont précédé, les négociants ont acheté indifféremment tout le caoutchouc apporté par les indigènes.

Les produits Diolas saturés de corps étrangers ont fait déprécier beaucoup le produit de la Casamance sur les marchés d'Europe et il en est résulté des pertes sérieuses pour les maisons de commerce qui, à partir de 1895, se montrent prudentes et beaucoup plus exigeantes.

Elles refusent à peu près impitoyablement le caoutchouc de mauvaise qualité, il s'ensuit donc une diminution très importante dans les quantités traitées.

Enfin, Bathurst, profitant de cet état de choses, attire à lui le caoutchouc que la Casamance n'achète guère plus, et amorce sérieusement les extracteurs en leur prenant à un bon prix toutes qualités, même médiocres; c'est alors que s'est formé ce courant vers la Gambie anglaise qui a apporté cette diminution si sensible dans les recettes de la douane, et qu'il est aujourd'hui bien difficile de faire dévier.

Voilà, succinctement exprimées, les causes qui ont provoqué l'affaissement momentané de notre exportation caoutchoutière. »

Le remède.

Il faudrait pouvoir n'offrir qu'une seule qualité de caoutchouc: *la meilleure*, et refuser impitoyablement toute qualité secondaire.

Les indigènes voyant qu'on ne leur prend plus de produits d'une catégorie inférieure, s'habitueront à produire la qualité exigée.

Les marchés européens se montrent, du reste, de plus en plus difficiles. Il faut en tenir compte et c'est en procédant de cette façon que l'industrie du caoutchouc pourra retrouver au Sénégal la période de prospérité qu'elle a connue il y a quelques années.

La production du caoutchouc n'est pas le dixième de ce qu'elle devrait être.

Sur la rive droite de la rivière Casamance, les arbres à caoutchouc abondent, surtout dans le Fogny.

Dans la Haute-Casamance, ces arbres atteignent jusqu'à 15 mètres de hauteur.

Il y a là, par conséquent, une industrie à développer et qui peut donner de très brillants résultats.

CHAPITRE III

L'INDIGO

L'indigo du Sénégal est riche en matière colorante, aussi est-il assez recherché bien que sa qualité soit inférieure à l'indigo des Indes.

C'est néanmoins un des produits du Sénégal les plus propres à l'exportation sur les marchés d'Europe.

L'indigo était connu des anciens. Les Romains le tiraient des Indes (d'où son nom).

Jadis les Indiens l'employaient pour se colorer le visage et effrayer leurs ennemis. Ovide a fait mention de cette particularité.

Actuellement, l'indigo est cultivé en Chine, au Japon, aux Indes, en Australie, au Mexique, au Brésil, dans la Floride, dans la haute Égypte, au Sénégal et au Soudan.

Les qualités supérieures de l'indigo du Sénégal et du Soudan sont les violets-bleus.

M. Chevreul, dans ses nombreuses analyses des indigos du commerce a constaté que l'indigo de nos colonies de l'Afrique occidentale était particulièrement riche en *indigotine*, matière spéciale à laquelle est due la propriété colorante.

*
* *

C'est au commencement du XVIe siècle, après la découverte de la route de l'Inde que l'indigo fit son apparition en Europe.

A cette époque, on cultivait, sur notre continent l'*Isaris tinctoria* appelé communément *pastel*. On tirait de cette plante indigène une sorte de matière colorante ayant les propriétés de l'indigo.

A l'apparition de l'indigo des Indes, tous les cultivateurs de pastel protestèrent contre l'invasion du nouveau produit et l'emploi en France de l'indigo étranger fut défendu *sous peine de mort* (c'est sous Henri IV que cette sévère interdiction eut lieu).

Les Hollandais qui n'avaient pas fermé leurs portes à l'indigo des Indes s'en servirent de préférence à tout autre produit de genre similaire et l'industrie de la teinturerie devint chez eux des plus prospères.

Après quelques années d'expérience, ils fondèrent la compagnie hollandaise des Indes dont la concurrence causa un tel préjudice à nos teinturiers que ces derniers sollicitèrent, eux-mêmes, la levée de l'interdiction frappant l'indigo étranger.

Depuis ce moment, l'indigo acquit en France droit de cité et des essais de culture de cette plante furent tentés. Les résultats n'en furent pas très brillants. Il y a quelques années encore, les plantations d'indigotiers à Perpignan et dans les environs de Toulon n'eurent qu'un médiocre succès.

Les produits étaient assez réussis mais leur prix de revient était beaucoup trop élevé, aussi a-t-on dû renoncer à prolonger ces essais.

En Hongrie, toutefois, la culture de l'indigotier paraît avoir réussi. M. Adolphe Renard dans son traité des *matières colorantes* indique que 12 hectares de terrain plantés en indigotiers ont donné 2.500 kilog. d'indigo de bonne qualité.

*
* *

La meilleure qualité d'indigo est fournie par l'*indigofera argentea*, indigotier sauvage à feuilles argentées. Néanmoins cette plante est assez rare et la quantité d'indigo fournie par elle est très insuffisante pour alimenter les marchés de l'Europe.

Il y a également l'*indigofera disperma*, l'indigo *anil* et enfin l'*indigofera tinctoria* qui est celui recueilli au Sénégal et au Soudan.

Méthodes d'extraction.

Il y a divers procédés d'extraction. Voici celui qui est le plus communément employé.

Après le fauchage, on couche les plantes dans des cuves en maçonnerie. On les recouvre d'eau et on les maintient immergées, sans toutefois les compresser.

Après douze ou quinze heures de macération, le liquide est soutiré dans une cuve où on l'agite avec des bambous pendant une demi-heure.

Au fur et à mesure que se produit l'oxydation, l'indigo se dépose au fond de la cuve.

Ce dépôt pressé est mis en cubes ou en pains plats. On le laisse sécher pendant cinq ou six jours et on l'expédie.

Procédé indigène. — On hache les tiges et les feuilles d'indigoter. Puis, on les introduit dans des jarres en terre, à moitié enfoncées dans le sol. On les foule à l'aide de bâtons pendant quelques heures et on laisse macérer.

La macération terminée, on égoutte les feuilles dans un baquet pour que la fécule se dépose et on décante le liquide surnageant.

On verse ensuite la fécule dans une petite fosse creusée en terre et saupoudrée de sable.

Quand la fécule a une consistance pâteuse, on la met dans des moules où elle achève de sécher.

CHAPITRE IV

LE COTON DU SÉNÉGAL

Le coton du Sénégal quoique de soie un peu courte est de bonne qualité et il prendrait vite sur nos marchés un rang supérieur au coton des Indes si, par de nouvelles méthodes de culture, on arrivait — ce qui serait facile — à en améliorer la fibre.

L'égrenage fait par l'indigène laisse considérablement à désirer et peut-être nos industriels auraient-ils intérêt à employer des machines à égrener.

Néanmoins, l'opération de l'égrenage devrait se faire dans la colonie même, car les filatures de France ne sont pas outillées pour ce genre d'opération.

D'autre part, pendant le transport, la graine s'ouvrant, nuirait considérablement au coton et cette graine représente entre les deux tiers et les trois quarts du poids brut.

On tire d'ailleurs de ces graines un excellent parti. Elles fournissent une huile appréciée et un tourteau utilisé par l'agriculture.

Il est certain que la culture du coton indigène pourrait être une source de richesses pour la colonie du Sénégal, si cette culture était pratiquée sur une plus large échelle.

Le produit fourni par le sol est excellent. Il pourrait être abondant et l'industriel ou les industriels qui dirigeraient leur efforts de ce côté auraient de très grandes chances de réussir.

CHAPITRE V

LA GUINÉE

La guinée est un tissu de coton léger, teint à l'indigo, ayant un poids déterminé et qui se vend par coupe de quinze mètres.

Ces coupes ont longtemps servi de monnaie d'échange, et en ce moment encore, la guinée est acceptée dans certains lieux de traite, en remplacement d'espèces monnayées. Cet usage toutefois tend de plus en plus à disparaître, l'indigène commençant à s'habituer aux paiements en argent.

On a pu voir dans nos réponses au questionnaire de Tourcoing, l'importance considérable du commerce de la guinée au Sénégal.

En 1896, les maisons hollandaises et belges ont fourni pour 1.682.277 francs de guinée à la colonie, alors que nos fabricants français en ont livré pour 700.000 francs seulement.

Cela tient à ce fait que les Hollandais ont abaissé leur tarif dans des proportions tellement considérables qu'il est impossible à l'industrie française de lutter dans les conditions actuelles, contre cette concurrence.

Pour en donner une idée, voici un renseignement fourni par un de nos grands industriels du Nord :

Cet industriel avait demandé aux puissantes maisons d'un outillage très moderne, Motte-Bossut de Roubaix, Vaucher et Cie et Walter Seitz, des Vosges, de fabriquer un tissu de guinée sur le type courant de la marque « Chandorah » très répandue au Sénégal (cette guinée pèse 1.350 grammes les 15 mètres).

Nos fabricants français demandèrent, pour livrer un produit de la qualité de l'échantillon présenté comme modèle, de

0 fr. 22 à 0 fr. 235 par mètre, transport aux frais de l'acheteur.

Or, un fabricant hollandais offrait à notre industriel, le même produit à raison de 0 fr. 16 centimes le mètre, rendu franco en gare de Lille, soit un écart de 0 fr. 06 à 0 fr. 07 par mètre.

Il y a sur les frais de teinture un écart analogue. Dans ces conditions la concurrence aux colonies devient des plus difficiles.

Toutes les tentatives faites par les fabricants français pour produire la guinée au prix de leurs concurrents hollandais ont échoué. Une des causes de cette situation est que le prix de revient, c'est-à-dire la main-d'œuvre est plus élevée en France qu'en Hollande.

A cela, il existe pourtant un remède que nous allons indiquer.

*
* *

Avant 1889, l'exportation au Sénégal des guinées françaises était complètement nulle. Un droit de protection de 4 centimes existait bien en faveur de nos produits, mais ce droit était tout à fait insuffisant.

Un honorable industriel de Lille, M. Arthur Duhem se rendant compte de l'infériorité dans laquelle nous nous trouvions vis-à-vis des étrangers commença, dès cette époque, une campagne qu'il conduisit d'ailleurs avec une grande habileté, en vue de faire élever le droit de protection (voir aux *pièces annexées*, la requête adressée le 4 juin 1889, à la Chambre des Députés).

Le sous-secrétaire d'Etat aux colonies, auprès de qui M. A. Duhem fit de nombreuses démarches, se rendit aux excellents arguments présentés en faveur de notre industrie, par notre concitoyen de Lille et le 17 mai 1890, un décret était rendu, élevant de 0 fr. 04 à 0 fr. 06 par mètre, la protection en faveur des produits français.

Cette augmentation, bien que légère, puisqu'elle ne représentait que cinq pour cent *ad valorem*, ne tarda pas à produire d'heureux résultats.

Des commandes arrivèrent à diverses fabriques de Lille, Lyon, Flers, fabriques qui s'étaient déjà occupées de la guinée.

Ce mouvement fut malheureusement enrayé presque aussitôt par l'apparition sur le marché, d'un nouveau concurrent étranger, le fabricant hollandais dont il a été question plus haut.

Ce dernier livrait la guinée à un prix tellement bas, qu'il était impossible de le suivre, même avec la faveur des six centimes par mètre.

Le cours officiel de ce fabricant qui *a complètement accaparé le marché* depuis un an est aujourd'hui de 520 francs la balle de 1.500 mètres, franco Bordeaux, payable à six mois.

Or, nos fabricants affirment qu'à l'heure actuelle où le coton est au cours le plus bas, il leur est impossible de produire la guinée dans les conditions de qualité, de poids et de teinture, exigées, au-dessous du prix de 6 francs, rendu franco Bordeaux, six mois de terme.

En ajoutant au prix du fabricant hollandais, la somme de 90 francs résultant de l'écart du droit entre les produits français et les produits étrangers (0 fr. 06 par mètre sur la balle de 1.500 mètres) nos industriels se trouvent encore placés dans des conditions très inférieures à celles de leur concurrent.

***

A cette situation, il n'y a qu'un remède:

C'est d'appliquer dans notre colonie du Sénégal le tarif conventionnel de la métropole qui est de 8 cent. 1/2 par mètre.

L'écart entre la balle de guinée française et la balle hollandaise se trouverait être ainsi de 127 fr. 50 au lieu de 90 francs.

Il y a lieu aussi de tenir compte que l'industrie du tissage de coton dans le Nord et dans les Vosges demande de nouveaux débouchés.

D'autre part, il y a une industrie dont la situation appelle un prompt remède : c'est celle de la teinturerie d'indigo.

En lui rendant la fabrication de la guinée, c'est plus d'un million et demi que l'industrie française enlèvera aux Hollandais, sans compter le chiffre de guinées fourni au Sénégal par l'Angleterre, la Belgique et les Indes anglaises.

C'est aussi plus d'un demi-million qui reviendra sous forme de salaires, à nos malheureux ouvriers teinturiers qui se débattent en ce moment contre la misère qui les étreint.

L'application du tarif conventionnel de la métropole à notre colonie du Sénégal, aurait donc pour toutes ces raisons, une heureuse répercussion sur l'industrie française.

CHAPITRE VI

TISSUS EMPLOYÉS AU SÉNÉGAL

Il se vend au Sénégal de grandes quantités de calicot écru, blanchi, ou teint en bleu, provenant d'Angleterre, de Hollande, de Belgique et de France.

C'est malheureusement notre pays qu'il faut citer en dernier, les étrangers nous battant avec ces articles sur la plupart des marchés indigènes.

La moins coûteuse des étoffes employées au Sénégal est désignée sous le nom d'*escamite.*

L'*escamite* est un tissu de coton léger, de fabrication anglaise, mesurant 0m,77 de largeur et ayant au quart de pouce 15 fils en chaîne et 16 fils en trame.

Cet article se vend 0 fr. 17, franco Dakar.

Une autre variété d'*escamite* écrue mesure de 0m,78 à 0m,80 de largeur et compte 18 fils en chaîne et en trame.

Ce tissu se vend 0 fr. 27, franco Dakar.

Les Anglais vendent également des tissus de coton blanchis et fortement chargés d'apprêts, entre autres :

1° Le calicot de traite, qui a 0m,75 de largeur. Il compte 15 fils en chaîné; 13 fils en trame. Ce tissu est assez fortement cylindré sur une face. Le prix de vente est de 0 fr. 167 le mètre, franco Dakar.

2° Un calicot gros grain, de 0m,73 à 0m,75 de largeur. Duitage : 12 fils en chaîne; 12 fils en trame. Une face de l'étoffe est légèrement brillante. Le prix est de 0 fr. 21, franco Dakar.

3° Un calicot gros grain, largeur 0m,77. Duitage : 13 fils en chaîne; 13 en trame. Prix : 0 fr. 225, franco Dakar.

4° Un calicot gros grain, largeur 0m,78 à 0m,80. Duitage :

13 fils en chaîne; 15 fils en trame. Prix : 0 fr. 243, franco Dakar.

5° Un calicot fin, largeur 0m,78 à 80. Duitage : 21 fils en chaîne; 24 fils en trame. Prix : 0 fr. 29 le mètre, franco Dakar.

Tous ces articles sont frappés d'un droit de douane de 12 °/₀ et d'un droit d'octroi de 3 °/₀.

*
* *

Dans le cours de notre rapport, nous avons dit que les nègres se servaient beaucoup, comme vêtement, de tissus teints dans lesquels ils se drapent. Voici la description des tissus les plus employés :

Il y a d'abord le *Roume*, calicot de coton teinté en bleu pâle, fortement apprêté, cylindré sur une face.

La qualité la moins chère a une largeur de 0m,75. On compte, au quart de pouce, 16 fils en chaîne et 15 fils en trame.

Le prix est de : 0 fr. 198 le mètre, franco Dakar.

Il existe une autre qualité de Roume, d'un bleu un peu plus foncé que le précédent. Sa largeur est de 0m,80.

Il compte 21 fils en chaîne et en trame.

Son prix est de : 0 fr. 36 le mètre, franco Dakar.

Sous le nom de *Limeneas sucreton*, les indigènes achètent un calicot bleu, imprimé de dessins blancs, dont le duitage est de 17 fils en chaîne; 18 en trame. Largeur 0m,83.

Prix de vente : 0 fr. 374; franco Dakar.

On désigne sous le nom de *sucreton*, des calicots teints en bleu très foncé, apprêtés et fortement cylindrés sur une face.

Le *sucreton léger* a 0m,80 de largeur, 15 fils en chaîne et 13 fils en trame.

Prix : 0 fr. 25; franco Dakar.

Le *sucreton demi-fort* mesure 0m,80. Il compte 18 fils en chaîne; 16 en trame.

Prix : 0 fr. 46; franco Dakar.

Le *sucreton fort*, qui est un calicot renforcé, 20 fils en chaîne et en trame, a une largeur de 0m,83.

Prix : 0 fr. 56; franco Dakar.

Tous les articles désignés ci-dessus sont frappés d'un droit de douane de 12 °/o et d'un droit d'octroi de 3 °/o.

Dans cette catégorie, nous devons nécessairement classer la *guinée*, tissu auquel nous avons consacré une étude spéciale au chapitre précédent.

Mentionnons toutefois, ici, certains détails supplémentaires concernant cette étoffe.

Au coin extrême de chaque coupe de 15 mètres, se trouve un endroit qui n'a reçu aucune teinture.

Sur le pli supérieur, le fabricant de guinée imprime en blanc une marque quelconque, soit un animal, soit autre chose.

Ces marques sont déposées aux greffes des tribunaux de commerce et constituent la caractéristique de la propriété du fabricant de guinée. Voici les guinées les plus répandues :

***

1° Une *guinée* d'un bleu très foncé, se fabriquant à Pondichéry. Elle pèse 1k,500 les 15 mètres et compte 9 fils en chaîne et en trame.

2° Une *guinée* d'un bleu très foncé et lustré, du poids de 1k,500 les 15 mètres; 12 fils en chaîne; 13 fils en trame.

La série énoncée en ce chapitre constitue la désignation et la description commerciale des tissus les plus employés au Sénégal.

CHAPITRE VII

ÉTAT RÉCAPITULATIF

BUREAU PAR BUREAU DES MOUVEMENTS DE LA NAVIGATION

(ENTRÉE ET SORTIE)

Pendant l'Année 1895

ÉTAT RÉCAPITULATIF

Bureau par bureau, des Mouvements de la Navigation (Entrée et Sortie), pendant l'année 1895.

	SAINT-LOUIS Nombre	SAINT-LOUIS Tonnage	SAINT-LOUIS Équipage	DAKAR Nombre	DAKAR Tonnage	DAKAR Équipage	GORÉE Nombre	GORÉE Tonnage	GORÉE Équipage	RUFISQUE Nombre	RUFISQUE Tonnage	RUFISQUE Équipage	NIANING Nombre	NIANING Tonnage	NIANING Équipage
PROVENANCES															
Navires français venant de France	17	14.574 64	394	90	165.649 96	7.300	2	1.860 05	50	11	8.900 97	975	»	»	»
Navires français venant des Colonies françaises	9	1.839 07	51	22	94.730 13	1.119	»	»	»	»	»	»	»	»	»
Navires français venant de l'Étranger	1	945 49	8	47	119.277 87	5.250	»	»	»	»	»	»	»	»	»
Navires sénégalais venant de France	»	»	»	»	»	»	»	»	»	»	»	»	»	»	»
Navires sénégalais venant des Colonies françaises	»	»	»	»	»	»	»	»	»	»	»	»	»	»	»
Navires sénégalais venant de l'Étranger	»	»	»	»	»	»	»	»	»	»	»	»	»	»	»
Navires venant des Colonies étrangères de la Côte : Français	»	»	»	3	2.651 96	128	1	820 44	26	1	1.012 23	25	»	»	»
Navires venant des Colonies étrangères de la Côte : Sénégalais	»	»	»	4	189 06	41	7	681 74	62	9	88 45	19	»	»	»
Navires venant des Colonies étrangères de la Côte : Étrangers	1	677 88	11	70	15.009 94	456	39	56.129 13	913	4	3.379 75	171	»	»	»
Navires étrangers venant de France	»	»	»	6	2.100 96	86	»	»	»	9	5.778 80	135	»	»	»
Navires étrangers venant des Colonies françaises	»	»	»	1	955 90	32	1	1.600	28	»	»	»	»	»	»
Navires étrangers venant de l'Étranger	1	793 57	18	25	20.128 66	575	58	106.408 31	1.031	6	5.616 77	114	»	»	»
Navires venant des différents points de la Colonie (cabotage) : Français	33	19.267 03	606	29	10.561 10	583	»	»	»	48	43.087 60	1.148	8	7.791 08	180
Navires venant des différents points de la Colonie (cabotage) : Sénégalais	77	3.610 08	671	161	7.542 81	1.146	163	4.737 90	298	88	9.789 49	489	125	1.077 81	760
Navires venant des différents points de la Colonie (cabotage) : Étrangers	10	5.522 58	137	53	79.490 24	1.558	8	3.401 56	109	95	12.164 70	351	12	227 88	62
Année 1895	142	46.439 64	1809	470	449.773 81	18.274	279	178.041 11	4.070	199	89.766 94	2.688	145	9.105 77	811
Année 1894	130	57.879	2143	423	336.834	15.788	281	168.768	4.339	183	109.421	2.917	225	11.916	1.461
Augmentation en 1895	12	»	»	47	112.939 81	2.486	»	9.276 41	»	30	»	»	»	»	»
Diminution en 1895	»	11.380 36	241	»	»	»	9	»	269	»	19.654 06	229	80	2.710 23	650
DESTINATIONS															
Navires français allant en France	»	»	»	72	139.145 62	6.477	»	»	»	27	22.906 84	620	4	3.863 07	101
Navires français allant aux Colonies françaises	»	»	»	21	25.720 76	1.195	»	»	»	»	»	»	»	»	»
Navires français allant à l'Étranger	»	»	»	49	118.521 54	5.480	»	»	»	8	7.327 64	100	»	»	»
Navires sénégalais allant en France	»	»	»	»	»	»	»	»	»	»	»	»	»	»	»
Navires sénégalais allant aux Colonies françaises	»	»	»	1	20 30	5	»	»	»	»	»	»	»	»	»
Navires sénégalais allant à l'Étranger	»	»	»	»	»	»	»	»	»	»	»	»	»	»	»
Navires allant aux Colonies étrangères de la Côte : Français	9	1.073 38	50	6	6.530 47	198	»	»	»	9	1.481 13	44	»	»	»
Navires allant aux Colonies étrangères de la Côte : Sénégalais	»	»	»	4	276 76	32	9	610 25	86	9	969 91	53	»	»	»
Navires allant aux Colonies étrangères de la Côte : Étrangers	»	»	»	20	50.829 76	1.168	26	29.801 38	580	7	1.015 44	89	»	»	»
Navires étrangers allant en France	1	223	8	»	»	»	»	»	»	5	5.412 72	103	»	»	»
Navires étrangers allant aux Colonies françaises	2	803	17	3	1.002 57	88	12	19.553	360	3	2.326 08	72	»	»	»
Navires étrangers allant à l'Étranger	2	973 30	16	31	49.048 40	1.031	14	28.700	180	14	11.390 49	251	»	»	»
Navires allant dans les différents points de la Colonie : Français	47	29.127 57	889	44	32.478 91	924	»	»	»	23	20.115 93	509	5	3.127 11	114
Navires allant dans les différents points de la Colonie : Sénégalais	76	6.710 83	770	160	7.581 36	1.039	207	4.623 93	1.157	125	9.684 43	711	137	1.905 69	694
Navires allant dans les différents points de la Colonie : Étrangers	73	15.026 50	177	33	10.171 20	482	51	78.045 33	1.634	13	6.694 83	103	»	»	»
Année 1895	142	56.937 73	1.936	486	417.907 30	18.069	319	161.335 80	4.304	238	94.112 67	2.876	146	11.106 77	907
Année 1894	128	56.000	2.078	432	335.177	15.830	221	161.321	4.389	151	100.604	2.879	80	7.719	667
Augmentation en 1895	15	937 73	»	54	112.730 30	2.239	98	»	»	87	»	»	61	1.181 77	240
Diminution en 1895	»	»	142	»	»	»	»	116 11	86	»	16.488 13	3	»	»	»

	JOAL Nombre	JOAL Tonnage	JOAL Équipage	FOUNDIOUGNE Nombre	FOUNDIOUGNE Tonnage	FOUNDIOUGNE Équipage	CARABANE Nombre	CARABANE Tonnage	CARABANE Équipage	TOTAUX Nombre	TOTAUX Tonnage	TOTAUX Équipage
PROVENANCES												
Navires français venant de France	»	»	»	»	»	»	»	»	»	199	196.985 92	7.979
Navires français venant des Colonies françaises	»	»	»	»	»	»	»	»	»	91	96.569 80	1.173
Navires français venant de l'Étranger	»	»	»	»	»	»	»	»	»	48	112.993 06	5.258
Navires sénégalais venant de France	»	»	»	»	»	»	»	»	»	»	»	»
Navires sénégalais venant des Colonies françaises	»	»	»	»	»	»	1	10 45	5	1	10 45	5
Navires sénégalais venant de l'Étranger	»	»	»	»	»	»	»	»	»	»	»	»
Navires venant des Colonies étrangères de la Côte : Français	»	»	»	»	»	»	»	»	»	6	4.503 93	179
Navires venant des Colonies étrangères de la Côte : Sénégalais	9	208 56	43	20	317 23	116	18	481 95	90	69	1.964 98	373
Navires venant des Colonies étrangères de la Côte : Étrangers	3	40 98	15	3	71	16	10	221 12	169	80	73.912 10	1.751
Navires étrangers venant de France	»	»	»	»	»	»	»	»	»	15	8.969 06	221
Navires étrangers venant des Colonies françaises	»	»	»	»	»	»	1	780 57	18	3	3.336 47	78
Navires étrangers venant de l'Étranger	»	»	»	»	»	»	»	»	»	90	135.337 31	2.637
Navires venant des différents points de la Colonie (cabotage) : Français	2	1.075 42	37	3	4.786 27	190	»	»	»	125	96.668 59	2.683
Navires venant des différents points de la Colonie (cabotage) : Sénégalais	158	2.098 75	783	175	5.619 30	952	86	2.145 88	497	1.033	32.000 41	5.601
Navires venant des différents points de la Colonie (cabotage) : Étrangers	1	677	15	2	1.429 25	35	»	»	»	102	102.918 34	2.963
Année 1895	173	5.320 71	813	214	13.216 05	1.209	116	3.660 97	797	1.781	798.700	30.581
Année 1894	188	6.007	1.111	126	11.676	1.094	158	10.503	1.299	1.634	790.281	30.136
Augmentation en 1895	»	»	»	88	»	115	»	»	»	47	70.416	445
Diminution en 1895	15	686 29	298	»	1.159 90	»	42	6.863 03	502	»	»	»
DESTINATIONS												
Navires français allant en France	2	1.575 49	37	8	7.403 17	186	»	»	»	113	174.990 02	7.430
Navires français allant aux Colonies françaises	»	»	»	»	»	»	»	»	»	21	25.720 76	1.195
Navires français allant à l'Étranger	»	»	»	»	»	»	»	»	»	57	125.849 18	5.070
Navires sénégalais allant en France	»	»	»	»	»	»	»	»	»	»	»	»
Navires sénégalais allant aux Colonies françaises	»	»	»	»	»	»	2	175 91	14	3	196 21	19
Navires sénégalais allant à l'Étranger	»	»	»	»	»	»	»	»	»	»	»	»
Navires allant aux Colonies étrangères de la Côte : Français	»	»	»	3	16 20	9	»	»	»	13	10.001 18	301
Navires allant aux Colonies étrangères de la Côte : Sénégalais	6	102 12	30	21	280 52	102	25	532 03	146	77	2.171 38	430
Navires allant aux Colonies étrangères de la Côte : Étrangers	2	25 08	9	1	677 88	16	10	1.001 06	66	65	83.851 73	1.930
Navires étrangers allant en France	»	617	15	2	1.122 25	35	»	»	»	9	7.734 97	161
Navires étrangers allant aux Colonies françaises	»	»	»	»	»	»	»	»	»	20	23.810 55	493
Navires étrangers allant à l'Étranger	»	»	»	»	»	»	»	»	»	61	90.721 01	1.778
Navires allant dans les différents points de la Colonie : Français	»	»	»	1	985 09	26	»	»	»	120	86.136 49	2.102
Navires allant dans les différents points de la Colonie : Sénégalais	159	2.738 11	711	176	3.106 57	810	87	2.508 86	708	1.127	38.860 78	6.429
Navires allant dans les différents points de la Colonie : Étrangers	1	15	6	»	»	»	»	»	»	173	115.952 78	2.407
Année 1895	171	5.323 63	808	215	13.807 56	1.211	194	4.189 30	716	1.822	767.920 14	30.829
Année 1894	190	6.035	1.118	148	17.117	1.858	102	10.554	1.229	1.690	697.784	30.098
Augmentation en 1895	»	»	»	»	»	»	»	»	»	132	85.206 14	731
Diminution en 1895	19	711 37	310	46	5.315 41	644	98	6.301 61	513	»	»	»

CHAPITRE VIII

MOUVEMENT DE LA NAVIGATION

(Année 1896.)

Nombre des bâtiments entrés à :

Saint-Louis.	162.	Valeur chargem.	9.335.907
Dakar....	582.	—	8.117.134
Rufisque...	418.	—	6.718.825
Gorée....	206.	—	1.876.930

Importations.

France..	144 navires.	Valeur ch.	17.131.691
Colonies.	28 —	—	242.834
Etranger.	44 —	—	9.674.838
		Total.....	27.059.363
Par l'intérieur...............			1.042.568
		Total.....	28.101.931

Exportation.

Le chiffre total des exportations s'élève à 17.960.057, exportés par 187 navires.

France......................	106
Colonies......................	31
Etranger......................	50

CHAPITRE IX

MOUVEMENT ÉCONOMIQUE

(Année 1897.)

Importations	28.099.931
Exportations	17.960.057

Principales denrées importées.

Tabacs en feuilles	1.811.508
Alcools	590.297
Houilles	725.579
Sucres	731.161
Vins	898.692
Guinées	4.559.039
Autres tissus	5.350.352
Monnaies	1.418.029
Armes	327.822

Denrées exportées.

ARACHIDES

Cayor	6.286.909
Petite Côte	1.247.388
Casamance	52.545

Gommes	2.317.043
Caoutchoucs	444.073
Plumes	47.913
Or brut	145.800
Ivoire	10.010

Importations de guinées.

France, Inde française et colonies. .	2.867.202
Angleterre	202.410
Belgique et Hollande.	1.489.477
Total.	4.559.039

Autres tissus.

France	172.124
Angleterre	2.521.651
Allemagne	5.705
Belgique et Hollande	2.650.872
Total.	5.350.352

Année 1896.

DES …	Valeurs.	…ANE Valeurs.	TOTAUX. Poids.	Autres unités.	Valeurs.
	»	200	220	»	200
	»	102	237	106	136 50
Bestiaux d'es…	»	123 50	247	»	123 50
	»	5 50	4	»	5 50
Volailles	»	»	4.080	19.306p	19.700
Animaux non…	770	»	1.174	»	2.800
	»	194 50	4.137	»	2.008 50
	»	»	10.704	»	4.281 60
Peaux brutes	»	»	2.841	1.571	785 50
	»	»	20	»	120
Pelleteries br…	»	»	12.417	»	182.191 80
Plumes de pa…	»	10	164	»	410
Cire { clarif…	»	1.600 20	941	»	1.609 20
Cire { mi-net…	»	»	3.590	»	2.872
Cire { brute.	»	»	1.306	»	753
Vessies natat…	»	232	1.144	»	9.154
Dents d'éléph…	»	8 85	3.959	»	593 85
Petit mil.....	»	76 86	366	»	76 86
Riz { en gra…	»	»	264	»	13 20
Riz { en pail…	»	»	15	30	7 50
Noix de coco.	»	58 787 53	368.094	»	62.575 98
Amandes de p…	»	»	49.026.881	»	7.412.532 25
	»	»	12.682.090	»	1.585.261 26
Archides en c…	339.785 38	48.709 20	610.838	»	48.867 04
	»	»	18.583	»	2.115
Bentamaré...	»	258 50	259	»	258 50
Huile de palm…	»	1	1	»	1
Huile de toul…	»	»	2.236.994	»	1.775.988 85
	»	»	581.815	»	518.219 20
Gommes { du…	»	»	734.378	»	660.910 20
	»	»	45.672	»	17.805 10
Gommes { fri…	»	»	13.060	»	1.306
Gommes { av…	»	»	20.762	»	1.488 10
Gommes { ba…	»	»	144	»	108
Colle de poiss…	»	»	260	»	60
Bois d'ébénist…	»	84.417 55	149.148	»	522.018 70
Caoutchouc...	»	»	2.500	»	75
Tourteaux....	»	»	48	»	145.374
Or brut { de…	»	»	3 687	»	5.530 50
Or brut { du…	»	»	17 475	»	1.747 50
Argent brut, …	»	»	50	»	125
Tissus indigèn…	»	34	367	»	259
Jus de citron.	»	261 75	382	»	267 75
Huile d'arach…	»	42	84	»	42
Vannerie.....	»	»	602	»	150 50
Coton non égr…	»	2 30	23	»	2 30
Charbon de b…	»	95	10.173	»	81.837 07
Objets de coll…	»	71 50	149	»	71 50
Légumes secs	»	21 50	43	»	21 50
Thé de Gambi…	»	687 25	1.081	»	687 25
Callebasse vi…	»	1	4	»	1
Ouvrages en …	»	»	115	»	5 75
Feuilles de ba…					
To…	340.555 38	105.952 49	67.151.561 420	»	13.057.896 31

CHAPITRE XI

TARIF DES DROITS DE DOUANE

(DÉCRETS DU 20 JUIN 1872, 14 JUIN 1881, 2 DÉCEMBRE 1890.)

Article premier. — Les marchandises étrangères autres que les guinées et les goureaux dits colas, importées au Sénégal dans la partie comprise entre la frontière nord et le Saloum inclusivement, seront, à partir du 1er janvier 1891, frappées à leur entrée dans la colonie, indépendamment des droits perçus en exécution des décrets des 24 décembre 1864, 20 juin 1872 et 20 janvier 1879, d'un droit de douane de 7 p. 100 *ad valorem*. La valeur sera déterminée d'après la mercuriale officielle ou, à défaut, d'après les prix portés sur les factures, augmentés de 25 p. 100.

Art. 2. — Les goureaux dits colas de provenance étrangère payeront, à l'exclusion de tout droit *ad valorem*, un droit de 50 centimes par kilogramme.

Art. 3. — Les guinées étrangères payeront indépendamment du droit de 2 centimes et demi par mètre, perçu en exécution du décret du 14 juin 1881, un droit de douane de 6 centimes par mètre.

Droits à l'importation applicables à toute la partie de la colonie comprise entre la frontière nord de la colonie du Sénégal et la rivière du Saloum inclusivement.

15 p. 100 de la valeur sur les armes et munitions de guerre.

10 p. 100 de la valeur sur les tabacs en feuilles.

5 p. 100 de la valeur sur toutes les autres marchandises de toute provenance et de toute nature.

2 cent. 1/2 par mètre sur les toiles dites *guinées*, fabriquées en France ou dans les colonies françaises.

6 cent. par mètre sur les guinées étrangères indépendamment du droit de 0,025 par mètre.

50 cent. par kilogr. à l'exclusion de tout droit *ad valorem* sur les goureaux *dits* colas de provenance étrangère.

7 p. 100 *ad valorem* indépendamment des droits perçus en exécution des décrets du 24 décembre 1864, 20 juin 1872 et 20 janvier 1879 sur les marchandises étrangères autres que les guinées et les goureaux *dits* colas.

La valeur est déterminée d'après la mercuriale officielle ou, à défaut, d'après les prix portés sur les factures augmentés de 25 0/0.

CHAPITRE XII

MARCHANDISES ET OBJETS

EXEMPTS DE TOUS DROITS DE DOUANE A LEUR ENTRÉE AU SÉNÉGAL

1° Les vivres et objets appartenant à l'Etat.

2° Le matériel pour le service local et les imprimés nécessaires aux administrations.

3° Les effets des voyageurs, lorsqu'ils portent des traces d'usage.

4° Les vêtements des fonctionnaires civils et des officiers.

5° Les objets composant le mobilier des étrangers qui viennent s'établir dans la colonie.

6° Les outils en cours d'usage apportés par les ouvriers.

7° Les fruits de table frais autres que les goureaux dits colas.

8° Les appareils à fabriquer la glace (moteur à vapeur non compris).

9° La glace fabriquée (eau congelée).

10° Les eaux minérales naturelles.

11° Les ornements et objets destinés aux différents cultes.

12° Les livres des bibliothèques particulières.

13° Les matières d'or et d'argent ayant cours légal en France.

CHAPITRE XIII

DROITS DIVERS

Droits de tonnage.

Pour Saint-Louis : 2 fr. 50 par tonneau pour les chalands ou bâtiments pontés ; 1 fr. 25 pour ceux non pontés.

Pour le reste de la colonie : 2 fr. 50 par tonneau pour les bâtiments de 10 tonneaux et au-dessus ; 1 fr. 25 pour les bâtiments au-dessous de 10 tonneaux et jusqu'à 2 tonneaux.

Droits d'ancrage.

0 fr. 50 par tonneau pour les bâtiments français.

1 franc par tonneau pour les bâtiments étrangers.

Droits de francisation et de congé.

Droits annuels de congé :

6 francs pour les bâtiments pontés.

1 franc pour les bâtiments non pontés.

Francisation des bâtiments étrangers :

150 francs pour tout bâtiment étranger au-dessous de 30 tonneaux.

5 francs par tonneau de jauge pour les navires au-dessus de 30 tonneaux.

Actes de francisation :

9	francs	pour tout	bâtiment	au-dessous de 100 tonneaux.
18	—	—	—	de 100 à 199 tonneaux.
21	—	—	—	de 200 à 299 —
6	—	en sus par cent tonneaux au-dessus de 300 tonneaux.		

(Ces droits ne sont pas applicables aux embarcations faisant le service du fleuve entre Saint-Louis et Kayes.)

Droits sur les produits exportés de la rivière Casamance.

(Décret du 19 février 1868, 20 juin 1882 et l'arrêté local du 27 janvier 1879; décret du 12 octobre 1888, promulgué par arrêté local du 19 novembre 1888.)

7 p. 100 de la valeur sur les produits coloniaux de toute provenance et de toute nature exportés pour toutes destinations.

Droits de sortie sur les gommes.

(Décret du 22 mars 1880. — Arrêtés des 14 octobre 1880 et 5 octobre 1882.)

1 fr. 50 par 100 kilogrammes sur les gommes traitées dans le fleuve Sénégal, à partir de Bakel et au-dessous et exportées de la colonie.

CHAPITRE XIV

TAXES DE CONSOMMATION

Une taxe de consommation est appliquée sur les boissons et les tabacs de toute origine et de toute provenance consommés dans la colonie, depuis la frontière nord jusqu'à la Casamance inclusivement, soient qu'ils y aient été importés, récoltés ou fabriqués.

La taxe de consommation à percevoir sur les boissons et les tabacs de toute origine et de toute provenance, est fixée ainsi qu'il suit, savoir :

Pour les vins ordinaires en futs.	3 fr.	par hect.
Pour les vins ordinaires en bouteilles .	30	id.
Pour les vins de liqueur (vermouth compris)	30	id.
Pour les eaux-de-vie ayant plus de 65° à l'alcoomètre Gay-Lussac à la température de 15° (alcool et absinthe compris). .	40	id.
Pour les eaux-de-vie ayant moins de 65° à la même température.	30	id.
Pour les liqueurs de toutes sortes et fruits à l'eau-de-vie.	40	id.
Pour les cidres et poirés.	7 °/₀	*ad valorem*
Pour la bière.	20 fr.	par hect.
Pour les tabacs en feuilles.	25 °/₀	*ad valorem*
Pour les tabacs fabriqués	30 °/₀	*ad valorem*

La parfumerie à base d'alcool est admise en franchise de taxe. (Délibération du Conseil général du 19 décembre 1893.)

Cette taxe est indépendante du droit de douane dont sont frappés tous ces produits à leur entrée dans la colonie.

CHAPITRE XV

DROITS DE DÉPOT ET DE MAGASINAGE

DANS TOUS LES BUREAUX DE DOUANE DE LA COLONIE

Tableau de classement des marchandises.

(Délibérations du Conseil général du 28 décembre 1896.)

PREMIÈRE CATÉGORIE.

Marchandises de valeur.

Colis de 100 kilos et moins. . . 0f10 par dizaine de jours.
— de 101 à 300 kilos. . . . . 0 20 —
— de 301 et plus. . . . . . . 0 30 —

SECONDE CATÉGORIE.

Autres marchandises.

Colis de 100 kilos et moins. . . 0f05 par dizaine de jours.
— de 101 à 300 kilos. . . . . 0 15 —
— de 301 et plus. . . . . . . 0 20 —

TROISIÈME CATÉGORIE.

Marchandises en vrac.

1.000 kilos ou fractions de 1.000 kilos d'une seule et même marchandise. . . . . 0f15 par dizaine de jours.

Le droit de dépôt ou de magasinage court du jour de l'entrée en magasin au jour de la sortie, inclusivement tous deux.

Toute dizaine commencée est due intégralement.

Passé trois mois, le droit se double de plein droit.

Marchandises dites de valeur.

Salaisons et conserves de toutes sortes. — Viandes, poissons, fruits, légumes. — Pelleteries brutes et autres. — Crins préparés. — Plumes de parure et oiseaux empaillés.

Saindoux, fromages, beurre et miel. — Eponges de toutes sortes. — Dents d'éléphants, écailles de tortue. — Pâtes d'Italie. — Fruits frais (notamment les colas), fruits de table secs ou tapés, graines à ensemencer.

Sucre, sirop, confitures et bonbons, biscuits sucrés, lait concentré. — Café, girofles et autres denrées coloniales selon la mercuriale. — Tabacs en feuilles, espèces médicinales (sauf les simples du pays : pain de singe, lalo, etc...). — Safran.

Ambre brut et ouvré, or, argent brut et objets détruits, cuivre pur ou allié, laminé, en barres, tubes et fils, étain. — Allumettes, produits chimiques non dénommés facturés à plus de 100 francs par 100 kilos, teintures préparées, couleurs, parfumeries, épices, médicaments, chicorée moulue, cire à cacheter, bougies et chandelles. — Tabacs fabriqués. — Chocolat, boissons fermentées, boissons distillées, eaux minérales.

Porcelaine, verreries de toutes sortes, sauf les grains percés, glaces et miroirs.

Fils de toute sorte, tissus de toute sorte. — Papiers blancs, peints et autres, livres, gravures, étiquettes et cartes à jouer.

Ouvrages en cuir (sellerie et chaussures notamment). — Chapeaux de feutre et autres. — Corail taillé ou non, vrai ou factice. — Vannerie fine, facturée à plus de 100 francs par 100 kilos. — Cordages. — Iris brut ou ouvré. — Orfèvrerie et bijouterie d'or et d'argent, plaques, maillechort, ruolz, nickelages divers, horlogerie, monnaies, machines et mécaniques, coutellerie, armes et munitions, quincaillerie (ouvrages en fer blanc, en fer dit battu, en cuivre, etc.).

Tabletterie, bimbeloterie (jouets d'enfants). — Articles de modes, parasols et parapluies. — Meubles, sauf les tout communs. — Instruments de musique. — Effets confectionnés, lingerie comprise. — Objets de collection hors de commerce.

Marchandises non dénommées, facturées à plus de 100 fr. par 100 kilos.

Marchandises dites en vrac.

Les marchandises dites en vrac peuvent se diviser en trois classes, savoir :

1° Marchandises présentées absolument libres de tout emballage ou ligature quelconque ;

2° Marchandises dont les ligatures ou enveloppes sommaires qui les accompagnent n'ont d'autre but que de les réunir en fardeaux pour les rendre plus maniables, abstraction faite de toute idée de garantie ou de protection extérieures ;

3° Marchandises, même ensachées ou emballées, qui sont de trop faible valeur pour supporter une taxe au colis sans inconvénient.

Première classe.

Peaux brutes présentées isolément roulées. — Bois à construire bruts, simplements équarris ou sciés. — Bois de teinture en billes ou en buches. — Bois d'ébénisterie équarris ou sciés. — Pierres brutes ou non, présentées à nu. — Briques, tuiles, carreaux en ciment ou autres, etc., présentés à nu.

Houilles crues ou carbonisées, briquettes. — Métaux présentés à nu. — Vannerie présentée à nu et sans liens. — Voitures et véhicules de toute sorte présentés à nu. — Bateaux, canots, agrès et apparaux présentés à nu. — Meubles de toute sorte, présentés sans emballages.

Deuxième classe.

Peaux brutes réunies par un simple lien, y eut-il quelques bouchons de paille aux contacts.

Morues (stockfish) et poissons secs réunis en bottes rondes par trois liens en corde ou en fil de fer.

Mâts, mâtereaux, espars, pigouilles, manches de gaffes, manches d'outils et perches quelconques réunies de même en bottes ou fardeaux.

Bois en éclisses réunis par mille ou par multiples de mille.

Crin végétal, fourrages, étoupes en poupées, même en balles pressées maintenues par un système de ligature en cordes ou en fil de fer.

Marbres et pierres sciées en lames, retenues par des liens de fil de fer, même avec cadres en bois blanc.

Métaux laminés reliés de même, mais à l'exclusion des caisses même à claire-voie.

Tuyaux de plomb non empaillés en couronnes.

Poterie de terre, de fonte, objets emboîtés, réunis en fardeaux par les anses ou autrement, au moyen de cordes ou de fil de fer, mais sans emballage aucun.

Carton et papiers d'emballage simplement ficelés au moyen d'un fil de fer entre deux cadres légers en bois blanc, sans autre emballage, ou simplement roulés et amarrés.

Vannerie, présentée à nu, mais réunie en fardeaux par quelque moyen que ce soit.

Cordages et câbles en chanvre ou fer, simplement lovés et amarrés, même plusieurs lovages réunis ensemble.

Machines et mécaniques présentés à nu, même avec paillage et taquets pour immobiliser leurs organes et plateau de bois blanc sous la base.

Toiles métalliques simplement roulées et amarrées.

Troisième classe.

Os, sabots et cornes de bétail en sacs. — Fruits oléagineux, graines oléagineuses en sacs. — Gommes avariées, bacaques, en sacs. — Engrais chimiques et organiques, en sacs.

Tourteaux en sacs. — Acide sulfurique, en terrines de grès. — Sel marin brut, en sacs. — Chaux, plâtre et ciments en sacs ou barriques.

TROISIÈME PARTIE

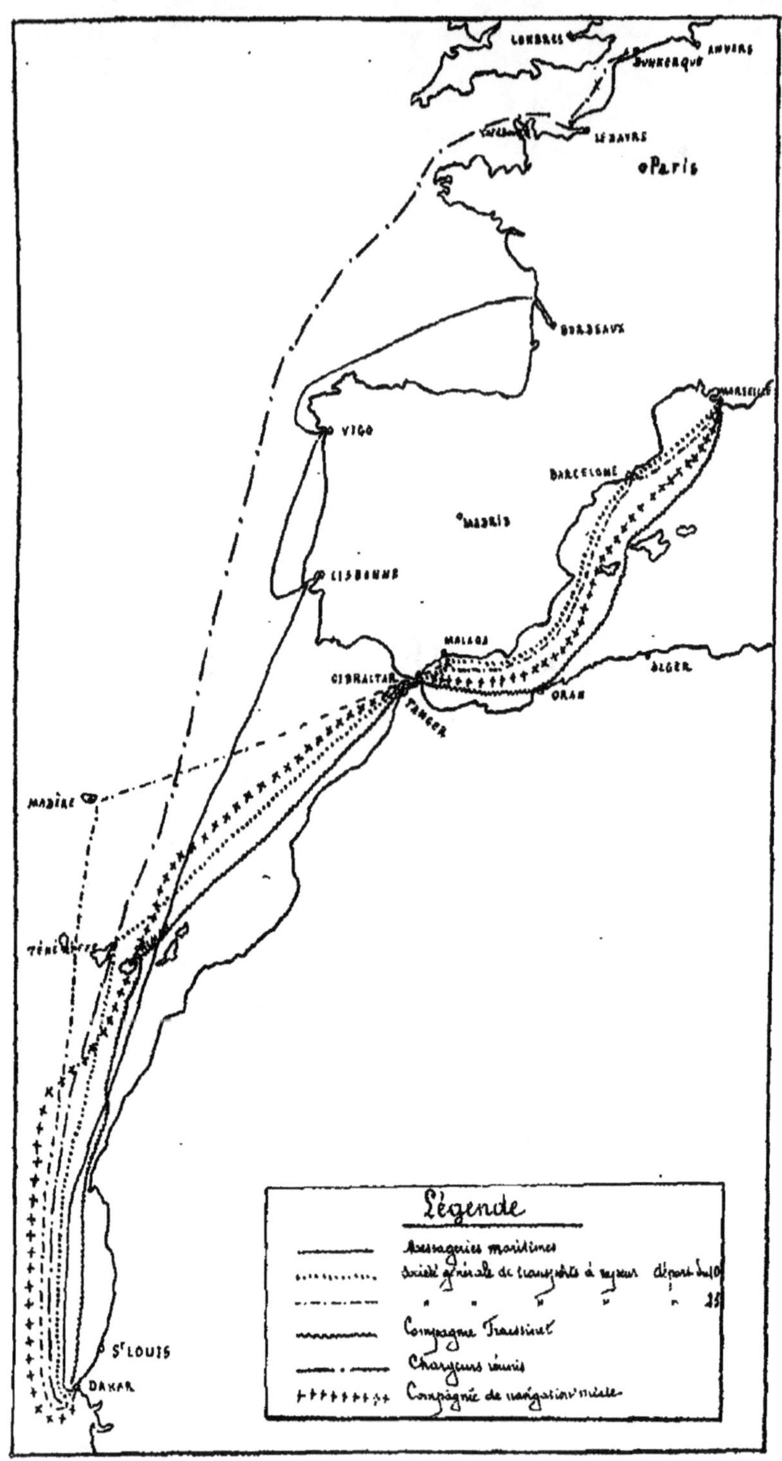

DE FRANCE AU SÉNÉGAL

CHAPITRE PREMIER

COMMENT ON VA DE FRANCE AU SÉNÉGAL

Les principales Compagnies de navigation qui desservent le Sénégal sont :

1° La Compagnie des Messageries maritimes;

2° La Société Générale de transports maritimes à vapeur.

3° La Compagnie Marseillaise de navigation (Fraissinet).

4° Les Chargeurs réunis.

5° Compagnie de navigation mixte.

La Compagnie des Messageries maritimes.

Les paquebots de la Compagnie des Messageries maritimes partent de Pauillac-Bordeaux tous les quinze jours, le vendredi.

Ces navires arrivent à Dakar le samedi de la semaine suivante.

Le retour de Dakar à Pauillac-Bordeaux a lieu également tous les quinze jours (généralement le jeudi ou le vendredi, les paquebots touchant Dakar et se dirigeant vers la France arrivent du Brésil et de la République Argentine).

Les escales. — Les paquebots des Messageries maritimes quittant Bordeaux font généralement escale en Espagne à Marin et à Vigo; en Portugal à Lisbonne. De cette ville, le navire se dirige directement vers Dakar, sans nouvel arrêt.

Tarif des prix de passage. — De Bordeaux à Dakar, 1re classe, 1re catégorie : 700 francs; 1re classe, 2e catégorie : 500 francs. 2e classe 250 francs.

Ces prix comprennent la nourriture pour les passagers des trois classes.

Les passagers de 1re classe (1re et 2e catégories) ont la même table et les mêmes avantages. La différence de catégorie réside uniquement dans l'emplacement des cabines.

Marchandises et valeurs. — Les marchandises et valeurs pour Dakar sont reçues sur les paquebots du 5 au 20 de chaque mois.

Les marchandises destinées à l'embarquement doivent être remises à Bordeaux au plus tard le 2 et le 17 de chaque mois.

Le fret est payable d'avance. — Les marchandises sont taxées au volume, au poids ou à la valeur, au choix de la Compagnie.

Observations. — Tout colis d'un volume inférieur à 500 décimètres cubes et d'une valeur supérieure à 4,000 francs pourra être taxé à la valeur.

Il n'est pas signé de connaissement pour un fret inférieur à 20 francs.

Petits colis. — La Compagnie des Messageries maritimes reçoit et taxe comme petits colis, les colis dont le volume n'excède pas 100 décimètres cubes, ni le poids de 100 kilos. Le délai de réception est plus rapproché du jour du départ que pour les autres colis.

Le prix de transport est toujours payable d'avance.

Tarifs. — Pour Dakar.

Colis de	1 kilo et au desssous. . .	2 fr.
—	1 à 2 kilos.	4 »
	1 à 5 —	5 »
—	5 à 10 —	8 »
—	10 à 20 —	9 »
—	15 à 25 —	10 »
—	25 à 40 —	12 »
—	40 à 50 —	15 »
—	50 à 75 —	18 »
—	75 à 100 —	20 »

Expédition au départ de Paris et de Lyon. — La Compagnie se charge de la réception et de l'expédition au départ de Paris et de Lyon.

Des tarifs spéciaux sont établis pour ces transports.

Assurances. — Sur la demande des dépositaires, la Compagnie se charge de faire assurer aux clauses et conditions d'une police flottante, les colis et marchandises expédiées par ses paquebots.

Observations générales sur le transport des marchandises. — La Compagnie recommande aux expéditeurs de faire emballer les marchandises susceptibles de s'avarier en caisses de fer-blanc; elle recommande également la solidité pour les caisses en bois.

Double frais sera perçu sur les groupes qui seront reconnus contenir une valeur supérieure à celle déclarée.

Société Générale de transports maritimes à vapeur.

Le service de paquebots pour Dakar est bi-mensuel. Les départs ont lieu le 10 et le 25 de chaque mois, de Marseille.

Les paquebots partant le 10, touchent aux escales suivantes :

Barcelone, Malaga, Ténériffe et Dakar le dixième jour après le départ de Marseille.

Les paquebots partant le 25, touchent à :

Barcelone, Malaga, Gibraltar, Madère. Ils arrivent généralement le 6 à Dakar.

Prix des passages :

		Aller et retour.
Première classe . . .	475 fr.;	20 0/0 de réduction.
Deuxième classe. . .	350 »;	10 0/0 —
Troisième classe. . .	150 »;	— —
Table des familles. .	180 »;	— —

Billet directs de Paris a Dakar et vice versa :

Trajet simple, valable pendant 45 jours : 1re classe, 492 fr. 10; 2e classe 389 fr. 10; 3e classe 173 fr. 10.

Trajet aller et retour, valable pendant un an : 1re classe 880 fr. 20; 2e classe 695 fr. 20; 3e classe 307 fr. 10.

Durée du trajet de Marseille à Dakar, 10 à 12 jours.
— de Dakar à Marseille, 8 jours 1/2.

Fret. — De Marseille à Dakar : 20 fr. le mètre cube.

Compagnie Fraissinet.

(Compagnie marseillaise de navigation à vapeur.)

Service mensuel : Départ de Marseille le 25 de chaque mois.

Prix des passages : De Marseille à Dakar (par Oran et Las Palmas), 1re classe (arrière) 685 fr.; 1re classe (avant) 570 fr.; 2e classe 240 fr.

Chargeurs réunis.

Service mensuel : Départ du Havre, de Cherbourg et de Bordeaux pour Dakar (par Ténériffe).

Prix des passages : 1re classe 685 fr.; 2e classe 570 fr.; 3e cl. 240 fr.

Taux de fret aux départs de Dunkerque, Bordeaux et Le Havre pour Dakar.

(Les prix ci-dessous sont majorés de 5 fr. par tonneau au départ de Rouen.) Payables d'avance, au tonneau d'usage de la Compagnie.

1° Genièvre, rhum, alcool, charbon en sacs, fûts, caisses, craie, poterie commune, marmites, sel, savon, bois non ouvrés . . . . 25 fr.

2° Riz, briques, ciments, charbon en vrac, briquettes, fer, sel en bloc . . . . 28 fr.

3° Eaux minérales, bière, biscuits, eau-de-vie, cordage, feutre, farine, meubles, bois ouvrés, fusils, verreries, faïence, vins, liqueurs, fer et métaux ouvrés, pipes, spiritueux, goudron, peinture, armes, machinerie . . . . 30 fr.

4° Quincaillerie, coutellerie, mercerie, tissus, coton, colliers en verre, droguerie, parfumerie, étoffes. 32 fr.

5° Pétrole en caisse . . . . 40 fr.

6° Poudres . . . . 40 fr.

7° Espèces et valeurs, bijoux, pierreries, horlogerie, orfèvrerie 1/2 0/0

Plus 10 0/0 de primage.

Tarif des frets de retour de Dakar pour Bordeaux, Dunkerque et Le Havre.

		francs.
1°	Amandes de palme	20 »
2°	Huile de palme	44 »
3°	Bois d'ébène	27 50
4°	Bois rouge	27 50
5°	Santal, acajou, ébénisterie	42 »
6°	Graines de coton	48 »
7°	Arachides	40 »
8°	Gommes, cacao, café en grains	55 »
9°	Gingembre, poivre,	55 »
10°	Caoutchouc, gomme élastique	66 »
11°	Cuirs et peaux	68 »
12°	Minerais et métaux communs	30 »
13°	Ivoire (par kilo brut)	» 25
14°	Marchandises non dénommées aux mille kilos ou au mètre cube au choix du navire	60 »
15°	Or et argent, pierres précieuses	3/4 0/0 de la valeur.

Compagnie de navigation mixte.

(Départs toutes les six semaines de Marseille.)

Escales : Tanger, Las Palmas, Dakar.

Prix de passage. — De Marseille à Dakar : 1re classe 500 fr.; 2e classe 425 fr.; 3e cl. 175 fr.

Il existe un service combiné avec le chemin de fer P. L. M.

De Paris à Dakar (par Marseille), 1re classe 490 fr.; 2e classe 385 fr.; 3e classe 170 fr.

CHAPITRE II

DE DAKAR A SAINT-LOUIS

L'Européen qui se rend au Sénégal par un des paquebots réguliers venant de France, débarque à Dakar.

Pour se rendre à Saint-Louis, qui se trouve à 264 kilomètres, il doit se servir de la voie ferrée, une ligne de chemin de fer reliant directement le port de Dakar à la ville de Saint-Louis, centre des services administratifs de la colonie.

Le prix des places de Dakar à Saint-Louis est de :

1re classe 31 fr. 65; 2e classe 21 fr. 15; 3e classe 14 fr. 55.

Il y a deux départs par jour. L'un à 6 h. 50 du matin, l'autre à 2 h. 50 de l'après-midi.

Le train du matin arrive à Saint-Louis à 5 h. 10 du soir. C'est le seul faisant le trajet complet dans la même journée.

Le train de l'après-midi s'arrête à Thiès, dans le Cayor. Il y arrive à 6 h. 50 du soir et ne repart que le lendemain à 9 h. 37 matin.

Les stations principales situées sur le parcours de la voie ferrée sont :

Rufisque, à une heure de Dakar; Thiès à 2 heures 3/4, *Tivaowane* où le train du matin s'arrête à 10 h. 24.

Kelle (buffet), arrivée à 11 50 matin, départ midi 30.

Louga, arrivée à 2 h. 37, départ à 2 h. 46.

Saint-Louis 5 h. 10 du soir.

*
* *

Pour le retour, le départ de Saint-Louis pour Dakar a lieu également, comme pour l'aller, à 6 h. 50 du matin. Arrivée à 5 h. 10 du soir à Dakar.

Le buffet est à Kelle (40 minutes d'arrêt), arrivée à 11 h. 30, départ à midi 10.

CHAPITRE III

POSTE ET TÉLÉGRAPHE

Courriers postaux.

Correspondance venant d'Europe : Les correspondances venant par paquebot partent de Dakar pour Saint-Louis, le même jour, par train spécial, si le navire arrive avant midi. Après cette heure, les courriers partent le lendemain matin par le train de 6 h. 50.

Tarif de l'union postale.

Lettres ordinaires : affranchissement 0 fr. 25 par 15 gr.

Journaux : affranchissement 0 fr. 05 par 50 gr.

Échantillons : affranchissement 0 fr. 10 jusqu'à 100 gr.; au delà de 100 gr. 0 fr. 05 par 50 gr.

Papiers d'affaires : affranchissement 0 fr. 25 jusqu'à 250 gr.; au dessus de 250 gr. 0 fr. 05 par fractions de 50 gr.

Mandats-postes.

L'émission et le paiement des mandats-poste sont effectués par le Trésor. Le droit à acquitter au moment du versement est de 2 0/0. Le montant du mandat ne peut excéder 500 fr.

Télégraphe.

Le réseau télégraphique de la colonie est de 1,704 kilomètres.

Le Sénégal est relié à l'Europe par le câble Saint-Louis-Ténériffe-Cadix (pour la France et vice-versâ : 1 fr. 50 le mot). Il y a, par Madère, une autre communication coûtant 5 fr. 25 le mot. On peut s'en servir en cas de rupture du câble de Ténériffe-Cadix.

Par Malte, communication à 1 fr. 85 le mot.

CHAPITRE IV

OCTROIS MUNICIPAUX

Saint-Louis.

Goureaux dits colas, 20 0/0 de la valeur.
Vins en barriques, 7 fr. la barrique.
— en bouteilles, 2 fr. 40 la caisse de 12 bouteilles.
— de liqueurs (vermouth compris), 30 fr. l'hectolitre.
Cidre, 10 fr. l'hectolitre.
Bière, 10 fr. l'hectolitre.
Eaux-de-vie au dessus de 65° alcool (absinthe comprise) 60 fr. l'hectolitre.
— au dessous de 66° alcool, 30 fr. l'hectolitre.
Liqueurs diverses, 40 fr. l'hectolitre.
Limonade, 5 fr. l'hectolitre.
Champagne, 0 fr. 50 la bouteille.
Fils de coton, 3 0/0 de la valeur.
Tissus de coton, 3 0/0 de la valeur.
Autres marchandises de toute provenance et de toute nature, y compris les matériaux de construction, 5 0/0 de la valeur.

Sont affranchis des droits d'octroi :

Les produits importés pour le compte de l'État, les objets destinés au culte, les livres de bibliothèque, effets à usage, objets mobiliers en cours d'usage, outils et instruments, le matériel pour le service local, les animaux vivants, les farineux alimentaires sauf l'orge, l'avoine, le biscuit de mer et les pâtes d'Italie; les eaux minérales, les sacs vides, les fruits frais, les légumes verts.

Gorée.

Bois de construction : Chêne, 10 fr. le mètre cube.
— Pin et sapin, 6 fr. le mètre cube.
— Pitchpin, 6 fr. le mètre cube.
— Aissantes, 2 fr le mille.

Ciment, 5 fr. les cent kilos.

Chaux, 5 fr. les cent kilos.

Briques diverses, 3 fr. le mille.

Gros ouvrages en fer et en fonte, 7 0/0 de la valeur.

Vins en futaille, 12 fr. la barrique.

Vins, bières, cidres en caisses ou en paniers de 12 bouteilles 1 fr. le panier ou la caisse.

Bières, cidres, poirés, 4 fr. l'hectolitre.

Alcool, 13 fr. l'hectolitre.

Absinthe en bouteille ou en litre, 30 fr. l'hectolitre.

Fruits à l'eau-de-vie, 2 fr. par caisses de 12 bouteilles.

DAKAR.

Bois de construction : Chêne, 10 fr. le mètre cube.
— Pin et sapin, 4 fr. le mètre cube.
— Pitchpin, 5 fr. le mètre cube.
— Aissantes, 1 fr. 25 le mille.

Ciments, 3 fr. les 1,000 kilos.

Chaux, 3 fr. 50 les 1,000 kilos.

Briques, 2 fr. 50; 2 fr. et 1 fr. 50.

Tuiles, 5 fr. le mille.

Carreaux de terre, 5 0/0 de la valeur.

Gros fers et ouvrages en fonte, 5 0/0 de la valeur,

Vins, 6 fr. la barrique,

Bières, cidres, poirés, 2 fr. 20 l'hectolitre.

Alcool, 18 fr. l'hectolitre.

Absinthe, 20 fr. l'hectolitre.

Fruits à l'eau-de-vie, 1 fr. 20 les douze bouteilles.

Vin de palme, 0 fr. 10 le kilo.

Parfumerie, 5 0/0 de la valeur.

Tissus de soie, 5 0/0 de la valeur.

Dentelles, 5 0/0 de la valeur.

Ouvrages en cuir, 5 0/0 de la valeur.

Gants, chapeaux, horlogerie, bimbeloterie, bonneterie, modes, meubles, imprimés, lingerie, effets confectionnés, 5 0/0 de la valeur.

RUFISQUE.

Le droit d'octroi n'existe pas dans cette commune.

CHAPITRE V

TABLEAU DES DISTANCES

ENTRE SAINT-LOUIS ET LES DIFFÉRENTS POSTES DE LA COLONIE

	DÉSIGNATION DES POSTES	DISTANCE en MILLES	DISTANCE en KILOMÈT.	
Distance de Saint-Louis à	Richard Toll	78	144.5	
	Dagana	90	166.7	
	Podor	141	261	
	Saldé	249	461	
	Matam	325	601.9	
	Bakel	413	764.8	
	Kayes	484	896.3	Chemin de fer.
	Médine	492	912.2	
	Diamou	523	968.5	
	Bafoulabé	567	1.050	Route militaire.
	Badumbé	621	1.150	
	Kita	683	1.245	
	Koundou	738	1.366.7	
	Bammako	795	1.472.3	
Distance de St-Louis à Dakar (par mer)		96	263	Voie ferrée.
Distance de Dakar à	Pointe Sangomar (Saloum)	63	»	
	Foundiougne	91	»	
	Carabane	140	»	
	Boké (Rio-Nunez)	390	»	
	Boffa (Rio-Pongo)	410	»	
	Konakry	430	»	
	Benty (Mellacorée)	470	»	
	Sierra-Leone	480	»	
Distance entre postes importants	de Carabane à Sédhiou	77	»	
	de la pointe Sangomar à Carabane	82	»	
	de Carabane à Boké	250	»	
	de Boké à Boffa	20	»	
	de Boffa à Benty	60	»	
	de Benty à Sierra-Leone	43	»	

CHAPITRE VI

MESURES ET POIDS ANGLAIS

COMPARÉS AUX MESURES ET POIDS FRANÇAIS

Mesures de longueur

	mètres.	cent.	millim.
Le yard impérial vaut.	»	91	43
Le pied (foot), 13e de yard.	»	30	48
Le pouce 136e de yard.	»	2	53
La brasse (fathom).	1	82	90
Le mille, 1,760 yards.	1.609	31	»

Mesures agraires

	ares.	cent.	mill.
Le rood, 1,210 yards carrés, vaut. .	10	11	67
L'acre, 4,840 yards carrés, vaut. . .	40	46	71
Il ne faut pas confondre le rood avec le rod ; celui-ci, qui est la perche carrée, vaut.	25	29	19

Mesures de capacité

	litres.	cent.	millill.
Le gallon impérial, pour les liquides, vaut.	4	51	30
Le peck, 2 gallons, pour les liquides.	9	18	69
Le pint, 18e de gallon, *idem*.	»	56	79
Le bushel (mesure pour les grains) représente 8 gallons et vaut. . . .	36	34	80
Le quartier vaut 8 bushels, soit. . .	290	78	»

Poids

	kilog.	gr.	cent.	milligr.
Pound, la livre (de Troy), 12 onces anglaises.	»	373	24	2
Ounce, l'once (de Troy), 112e de livre.	»	31	09	1
Pound, la livre (avoir du poids), 16 onces.	»	453	59	3
Ounce, l'once (avoir du poids), 116e de livre.	»	28	33	84
Dram (avoir du poids), 116e d'once.	»	1	77	12
Le quintal, 112 livres (avoir du poids) et se subdivisant en 4 quarts de 28 livres chacun.	50	78	20	»
Stone, 18e de quintal.	6	25	»	»
Ton (20 quintaux).	1.015	64	90	»

CHAPITRE VII

MESURES ET POIDS FRANÇAIS

COMPARÉS AU MESURES ET POIDS ANGLAIS

Mesures de longueur

	yards	foot	inches	décimale
Le kilomètre vaut.	1.093	1	10	79
Le mètre vaut.	1	»	3	37
Le décimètre vaut.	»	»	3	93

Mesures agraires

	acres	yards	décimale
L'hectare vaut.	2	1.228	3
Soit environ.	»	11.960	33
L'are vaut.	»	119	60
Le centiare vaut.	»	1	19

Mesures de capacité

	bushel	pech	pint	décimale
L'hectolitre vaut.	2	3	»	07
Le litre vaut.	»	»	1	76

Poids

	quintal	stone	pound	ounce	dram
Le quintal métrique (100 kil.) vaut.	2	7	10	7	6
Le kilogramme vaut.	»	»	»	3	4

CHAPITRE VIII

DESCRIPTION DES VILLES PRINCIPALES DU SÉNÉGAL

Gorée.

A l'entrée du port de Dakar et dominant la rade s'élève l'île de Gorée.

C'est de ce rocher, sentinelle avancée de la presqu'île du cap Vert, que jaillit l'extension commerciale de la colonie du Sénégal.

Gorée, fut longtemps le point principal de la traite sur la côte occidentale. L'île compta jadis plus de 6,000 habitants; en 1878, la population s'abaissait à 3,243; en 1891, elle n'était plus que 2,068 habitants.

Cette décroissance rapide s'explique par l'extension des ports de Dakar et de Rufisque.

La décadence commerciale de Gorée ne lui a, toutefois, rien enlevé de son importance stratégique. Le castel dominant la baie, donne l'hospitalité à la garnison. Là haut, se trouvent des pièces d'artillerie de marine d'une puissance formidable.

En parcourant Gorée, on se sent en présence d'une ville jadis riche, et qui donne le spectacle attristant de sa splendeur disparue.

Il reste environ une quinzaine de maisons de commerce françaises, américaines et anglaises, d'une certaine importance et qui donnent une note de vitalité à la ville.

Et cette île qui, jadis, était, en quelque sorte, la clef du transit de la côte occidentale d'Afrique et dont l'influence s'étendait jusqu'au Gabon et sur tous les comptoirs jusqu'à Sierra-Leone, semble aujourd'hui quelque gigantesque ruine, souvenir de grandes choses disparues.

Les grands travaux qui vont être prochainement accomplis

à Dakar, dont on veut faire un port de défense, feront-ils revenir la prospérité à Gorée? C'est possible et désirable, car Gorée a un passé qui rend cette île particulièrement intéressante.

Un décret présidentiel du 17 juin 1887 a érigé Gorée en commune indépendante. Grâce à sa situation de port franc et à l'absence de droits sur la plupart des produits importés, un certain nombre de navires de commerce touchent encore à Gorée.

La salubrité de l'île est parfaite. C'est le point le plus sain du Sénégal.

Le maire actuel de Gorée, M. Le Bègue de Germiny, ancien officier, qui fut, il y a quelques années, en garnison à Lille, profita de la visite de M. André Lebon, ministre des colonies, pour lui demander d'utiliser la situation favorable de l'île en créant là une sorte d'annexe à l'hôpital de Dakar, en vue de recevoir les officiers et fonctionnaires convalescents.

On pourrait aussi créer utilement un sanatorium à Gorée.

Un service régulier de bateaux à vapeur relie Gorée à Dakar.

Dakar.

Cette ville, placée au fond d'une belle rade, prend chaque jour de l'extension et son rapide développement ne semble pas près de s'arrêter. D'un mouillage sûr, éclairée par trois phares et plusieurs fanaux, les navires y sont parfaitement à l'abri des vents du large. Deux jetées, dont l'une a plus de 600 mètres de longueur, arrêtent la houle et font de Dakar un véritable port de refuge.

Une des causes de la prospérité de Dakar est la ligne de chemin de fer qui relie le port au chef-lieu du Sénégal.

C'est une des escales principales des paquebots desservant la côte d'Afrique.

En 1878, la population de Dakar était de 1,556 habitants; le recensement de 1891 accusait un chiffre de 8,737 âmes. Actuellement la population doit approcher de 10,000 habitants.

Rufisque.

Située à l'est de la baie formée par la presqu'île du cap Vert, Rufisque semble appelée à devenir, à très bref délai, un des points les plus importants du commerce du Sénégal.

Tous les produits du Cayor et du Baol, aboutissent au marché de Rufisque.

La rade, profonde, peut recevoir les navires du plus fort tonnage. Elle est bonne pendant dix mois de l'année, mais à l'époque où soufflent les vents S.-S.-E. (août et septembre), elle est fort dangereuse, aussi peu de navires s'y hasardent-ils.

Un chemin de fer Decauville dessert toute la ville dont les rues sont constamment sillonnées de wagonnets chargés de marchandises, se dirigeant vers l'appontement long de 200 mètres, qui s'avance dans la mer et permet un chargement facile aux navires marchands.

C'est grâce aux produits de cette voie ferrée pratique et dont le commerce se sert constamment, que les habitants n'ont aucun droit ni aucune taxe à payer.

La situation financière de Rufisque est excellente et les ressources de cette ville (station du chemin de fer de Dakar à Saint-Louis), augmentent d'année en année.

La population de Rufisque, qui était en 1878 de 1,293 habitants, s'élevait en 1891 à 8,091.

Aujourd'hui, le nombre des habitants dépasse 10,000.

Saint-Louis.

Saint-Louis, chef-lieu du Sénégal (à 264 kil. de Dakar), est une ville fort ancienne. Sa fondation remonte à 1626. Elle est bâtie sur une île formée par les alluvions du fleuve.

Il est à remarquer que les anciens — que les Européens des siècles derniers imitèrent — s'installaient presque toujours dans une île dont la défense est, naturellement, plus facile que celle d'une colonisation sur une terre continentale.

Les Phéniciens ne procédaient pas autrement.

Le comptoir de la Compagnie française, patronné par Richelieu, s'y installa en 1627.

La ville est bâtie régulièrement dans le style arabe, avec des habitations à galerie et à terrasse.

Elle est séparée de la mer par une bande de sable appelée « Langue de Barbarie ».

Située entre les deux bras du fleuve Sénégal, Saint-Louis est à peu près imprenable par un ennemi venant du dehors.

Il est en effet impossible à un navire, venant de la haute mer, de pénétrer dans le fleuve sans pilote ; la barre de sable et la difficulté de la navigation dans le chenal, la côte hérissée de brisants, tout tend à rendre la situation de Saint-Louis merveilleuse au point de vue défensif.

C'est sur un des bras du fleuve reliant Saint-Louis à l'île de Sor, qu'a été jeté le 19 octobre 1897, le superbe pont métallique, baptisé « pont Faidherbe » et que M. A. Lebon, ministre des colonies, est allé inaugurer.

Ce nouveau pont, d'une longueur de 511 mètres sur 11m,20 de large, pèse environ 1,300 tonnes. Il se compose de 5 travées fixes de 78 mètres, d'une de 43 mètres et d'une travée tournante laissant, pour le passage des bateaux, deux espaces libres de 30 mètres.

La ville, divisée en deux parties, nord et sud, a, pour point central, l'hôtel du gouvernement.

Les principaux monuments sont : l'hôtel du gouvernement, l'église catholique, la mosquée, le palais de justice, les casernes, l'hôpital militaire, l'hospice civil et l'hôtel de ville.

Sur la place du gouvernement, s'élève la statue pédestre du général Faidherbe, inaugurée le 20 mars 1887.

Les rues, perpendiculaires entre elles, offrent dans la journée une certaine animation. On se sent dans un centre commercial important, et quand le Sénégal sera relié définitivement au Niger par la voie ferrée allant de Kayes à Bamako, il est certain que Saint-Louis prendra une extension considérable.

La population actuelle de Saint-Louis s'élève à 21,000 habitants, comprenant environ 16,500 âmes pour la population sédentaire, et 4,500 pour la population flottante.

Le recensement de 1878 accusait 15,980 habitants.

QUATRIÈME PARTIE

LE SOUDAN

CHAPITRE PREMIER

COMMENT ON SE REND DU SÉNÉGAL AU SOUDAN

La distance exacte entre Saint-Louis, chef-lieu du Sénégal, et Kayes (Soudan français), point terminus de la navigation fluviale, est de 920 kilomètres.

La maison Devès et Chaumet, de Bordeaux, a le monopole du service sur le fleuve et il y a lieu de constater, à ce sujet, que ce service est fort bien fait et d'une très grande utilité aux négociants qui se rendent aux escales de traite situées sur les bords du Sénégal.

Par suite du contrat passé entre l'administration des colonies et les Messageries fluviales, ces dernières sont tenues de faire régulièrement trois voyages par mois en correspondance postale avec les arrivages et les départs des paquebots-postes venant ou allant en France.

L'État dispose gratuitement, à chaque voyage, des 3/4 de la capacité des bateaux, pour ses transports.

Les navires se rendant à Kayes partent généralement de Saint-Louis le mardi suivant l'arrivée d'un courrier d'Europe par les paquebots des Messageries maritimes. Ils arrivent à Kayes le lundi suivant.

*
* *

Le premier poste situé sur le fleuve, en quittant Saint-Louis, est Richard-Toll, qui se trouve à 77 milles du chef-lieu du Sénégal. On met généralement dix-huit heures pour y arriver.

Richard-Toll est un des points les plus agréables à l'œil des rives du Sénégal. Un magnifique jardin d'essai où se trouve réunie toute la végétation de la colonie s'étend entre le Sénégal et la Taouey, rivière servant d'écoulement au lac du Mérinaghen.

Il n'y a, à Richard-Toll, qu'un seul traitant, dont la maison se trouve située à 400 mètres en aval du village indigène.

Le poste de Richard-Toll est à mille mètres du village, sur les bords de la rivière la Taouey, au milieu du parc du gouvernement.

Les avisos qui entreprennent le service du fleuve, font là leurs provisions de bambous, car il faut prévoir le cas où la baisse des eaux peut jeter ces bateaux sur les berges, ce qui d'ailleurs n'est jamais très dangereux.

De Richard-Toll à Dagana (89 milles de Saint-Louis). — Dagana était jadis un des points de traite importants du Sénégal.

Mais les points de traite nouveaux qui se sont créés à la suite de la décision prononçant la liberté du commerce dans le fleuve, ont porté fortement atteinte à la prospérité de Dagana.

Il existe à cet endroit une industrie de poterie grossière C'est de là, et de Podor, que proviennent la plupart des gargoulettes utilisées au Sénégal.

* * *

Depuis Saint-Louis jusqu'aux environs de Dagana s'étend le *Oualo*, pays de pâturages, où l'herbe de Guinée pousse à profusion.

Cette région est très estimée des Noirs et des Maures de la rive droite. Ces derniers y envoyent paître leurs troupeaux.

De Dagana à Podor (138 milles de Saint-Louis). — On rencontre, entre Dagana et Podor, quelques points de traite d'une certaine importance, entre autres Bokol, capitale du Dimar et Leboudou-Doué. Ce dernier village se trouve situé dans des parages assez dangereux à l'époque des hautes eaux. Les courants sont très forts en cette saison, et l'inondation des berges en amont du village trompe parfois les pilotes, quand on navigue la nuit.

C'est ainsi que le *Saint-Kilda* s'est échoué là par une nuit obscure et a dû rester près de huit mois à sec.

Podor, qui fut jadis l'escale la plus importante du fleuve, est resté un gros centre commercial, vers lequel convergent un certain nombre de produits de la colonie. La maison Devès et Chaumet, de Bordeaux, y possède une succursale. Les habitations de Podor sont, pour la plupart, surmontées de terrasses. Une plantation d'arbres a été faite au bord du fleuve, figurant une sorte de promenade publique et affirmant ainsi la pénétration de la civilisation dans ces parages.

La place du marché est immense et beaucoup trop grande pour ce qui s'y vend actuellement. Elle affirme seulement, par son étendue, l'importance qu'avait ce centre autrefois.

Podor est le point le plus chaud du Sénégal. Le thermomètre y atteint, dans la saison chaude, jusqu'à 52° degrés. Le poste est une vaste construction élevée par Faidherbe. Derrière la résidence de l'administrateur se trouve une ligne de fortification rudimentaire formée de murs crénelés.

Le marché de Podor reçoit les différents mils cultivés dans le *Toro*, province divisée en sept districts et dépendant du cercle de Podor. Les Maures viennent également y vendre des chevaux, des objets de cuir et de l'or. Les habitants du Laos y envoyent quelquefois des bestiaux.

*
* *

A partir de Podor, commence la navigation dans le Haut-Fleuve.

Le premier poste important est celui de Saldé (à 110 milles de Podor). Il y a là une petite garnison. Le poste, haute maison carrée est sur le bord même du fleuve. Les avisos y font fréquemment du charbon. Ce point est peu important pour la traite.

De Saldé à Kaédi (à 31 milles de Saldé). — Sur la rive droite (côté des Maures), commencent à se dresser quelques collines ; le fleuve est plus large.

Kaédi, poste de création récente, prend chaque jour plus d'importance au point de vue commercial. Bon nombre de caravanes maures qui jadis se rendaient à Podor, s'arrêtent maintenant à Kaédi. Sur la rive, les Maures vendent des objets de vannerie : corbeilles, dessous de plats tressés, paniers, etc. Le poste, situé sur une colline de 30 mètres d'altitude, en plein territoire Maure, est à un bon kilomètre de la rive.

La population de Kaédi s'augmente constamment. Ce sera bientôt un des points de traite les plus importants du fleuve.

De Kaédi à Matam (à 49 milles 5 de Kaédi). — Matam est une escale de traite d'une modeste importance. Le voisinage de Kaédi et de Bakel ne lui permet guère d'espérer un grand avenir, néanmoins on y fait un certain commerce d'échange. Il y a là un poste et une petite garnison.

De Matam à Bakel (à 95 milles de Matam). — Le poste de Bakel est un des plus importants du fleuve. Il commande tout le haut fleuve et le pays de Galam.

Son fort, construit en 1820, se trouve placé sur une colline, à quelque distance du rivage. Trois grosses tours se dressent sur les collines voisines. Des maisons européennes s'élèvent un peu partout. Il y a quelques rues à peu près droites, dont la principale aboutit à un pont jeté sur un ravin. Ce pont porte le nom de celui qui le fit construire. Il s'appelle le *Pont Faidherbe*.

Il y a de ci, de là, quelques maisons de commerce où se vendent les produits variés de la région : ivoire, peaux de lions et de panthères (une peau de panthère vaut 20 francs), oiseaux, etc.

Bakel possède plusieurs quartiers habités par des races différentes.

On y trouve des Wolofs, des Soninkés et des Maures Douaichs.

Bakel est avec Podor, l'escale du fleuve où le commerce est le plus actif.

De Bakel à Kayes (à 68 milles de Bakel et à 920 kilomètres de Saint-Louis).

On rencontre, à 16 milles de Bakel, l'embouchure de la Falémé, affluent le plus important du fleuve.

Tous les navires montant au Soudan s'arrêtent à Kayes, qui est, en réalité, le véritable port de la colonie. Les vapeurs du commerce y déchargent leur cargaison, y compris le matériel et les approvisionnements destinés au corps expéditionnaire.

Kayes est un centre dont l'importance ira sans cesse grandissant. Cette ville est appelée à un très brillant avenir, car, lorsque sera définitivement terminée la ligne du chemin de fer du Sénégal au Niger, Kayes, tête de ligne, deviendra le point de concentration de toutes les importations et exportations du Soudan.

Actuellement, la ville présente déjà un aspect prospère. Située sur la pente d'une colline; elle offre, à l'œil, un large développement, et de nombreuses habitations européennes s'y dressent avec leurs toits en terrasse.

Le siège du gouvernement militaire du Soudan se trouve à Kayes. La résidence du gouverneur est située à quelque distance de la ville. Un système de wagonnets roulant sur rails et poussés par des Noirs, véhicule les officiers entre la ville et le gouvernement.

Kayes possède, à quelques kilomètres de la ville, un hôpital fort bien installé, où sont soignés dans des conditions d'hygiène excellente, ceux de nos soldats atteints par les fièvres. Il y a également, à Kayes, un cercle militaire, et déjà la grande escale commerciale future commence à se révéler.

*
*

On peut monter par le fleuve jusqu'à Médine, ville distante de 6 milles, mais les navires du commerce, les chalands et les paquebots du service fluvial s'arrêtent à Kayes....., à moins d'une circonstance les obligeant de se rapprocher davantage des chutes du Félou.

La navigation, à partir de Kayes, devient, du reste, très difficile; le lit du fleuve est encaissé entre des berges très hautes, et le courant est des plus violents. Au passage des Kippes, à 4 milles 1/2 de Kayes, le courant du fleuve atteint une vitesse de 6 nœuds.

Sur tout le parcours, il y a des rochers et des passages si difficiles, qu'on ne s'y hasarde jamais sans prendre à bord un pilote du pays.

Jusqu'en 1880, nos possessions s'arrêtaient à Médine. Un poste y avait été construit en 1854.

Les chutes du Félou sont à 1 mille 3 de Médine, mais les violents rapides ne permettent pas de s'en approcher.

Quelques notes sur les Messageries fluviales.

Les Messageries fluviales qui appartiennent à la maison Devès et Chaumet, de Bordeaux, possèdent actuellement sept bateaux à vapeur. Deux autres navires sont en construction, et l'un d'eux portera le nom de M. André Lebon, ministre des colonies, en souvenir de son voyage à travers ces régions.

La flotte existante peut, en ce moment, transporter au Soudan 1,200 hommes de troupe et 1,800 tonnes de marchandises.

C'est avec raison qu'on a pu dire que le service fluvial assurant la rapidité des communications est un des éléments de sécurité de nos colonies du Sénégal et du Soudan.

Quant au concours apporté au commerce par les Messageries fluviales, il peut desservir annuellement un échange de 8 à 10,000 tonnes d'importations au Soudan et 12 à 15,000 tonnes d'exportations. Ces chiffres ne sont pas atteints pour l'instant.

L'augmentation du trafic est toutefois très appréciable.

Depuis 1892, le tonnage transporté par les Messageries s'est successivement élevé de 3,200 tonnes à 8,250 tonnes.

Observations sur les postes fortifiés.

Au point de vue défensif, les postes fortifiés, très suffisants au Sénégal, ne serviraient à rien dans nos pays.

La plupart sont surtout des maisons crénelées avec terrasses à tourelles, machicoulis et mur d'enceinte destinés à protéger les dépendances.

Jusqu'alors, malgré la simplicité de ce système primitif, aucun poste n'a jamais été enlevé, bien que quelques-uns d'entre eux aient eu à soutenir des sièges, tels que Médine, Matam, Bakel, etc...

Les postes offrent une garantie de sécurité pour les traitants et pour les habitants des villages qu'ils protègent.

La garnison, généralement très faible numériquement, comprend un détachement d'infanterie de marine ou de tirailleurs sénégalais, et quelques artilleurs pour desservir les pièces.

La pacification du pays est telle qu'un grand nombre des postes du bas du fleuve ont été récemment déclassés.

CHAPITRE II

DU SÉNÉGAL AU NIGER

Depuis longtemps — Faidherbe y avait songé — l'utilité d'établir un moyen de communication facile entre le Sénégal et le Niger avait été démontrée.

Néanmoins, ce n'est qu'en 1885 que cette idée entra dans la voie des réalisations.

On commença la construction d'une voie ferrée qui devait aller de Kayes, port du Sénégal, à Bamako, port du Niger.

La distance totale était de 563 kilomètres, se décomposant ainsi :

De Kayes à Bafoulabé.	132	kilomètres.
De Bafoulabé à Kita.	198	»
De Kita à Toulimandio.	228	»
Embranchement vers Bamako . . .	5	»
Total.	563	kilomètres.

Commencée en 1888, la section construite s'arrête en 1898, à Bafoulabé, ce qui fait environ : dix kilomètres de construction par an.

Au train dont sont allées les choses jusqu'alors, la ligne ferrée du Sénégal au Niger pourrait être inaugurée en 1940, si l'administration coloniale très justement préoccupée de la nécessité d'en terminer promptement, n'était pas décidée à presser les choses en modifiant les conditions de construction de cette ligne.

Nous n'avons pas à entrer ici dans le détail de cette construction, qui, d'après les mesures nouvelles adoptées par le Ministre des Colonies, doit être terminée dans 3 ou 4 ans, et avant d'étudier les conséquences qui en résulteront et les modifications profondes qu'elles apporteront à la situation économique du pays, il y a lieu d'examiner tout d'abord, la situation actuelle, au point de vue commercial et industriel.

Les renseignements précis qu'on a, dès maintenant, donneront une idée de ce qu'il est possible d'espérer de la ligne ferrée en construction, ligne appelée à un énorme transit, la voie de pénétration ouverte vers le cœur du Soudan devant *déterminer un mouvement considérable* d'importation et d'exportation.

CHAPITRE III

INDICATIONS DES VILLES, VILLAGES ET POINTS COMMERCIAUX DU SOUDAN

M. Baudry, détaché à la mission hydrographique du Niger, donne à ce sujet les indications suivantes :

Au Soudan, où l'argent est déjà répandu, où des bénéfices immédiats sont possibles, comme l'ont démontré déjà certaines opérations fructueuses, les principaux points sont, entre Sansanding et Tombouctou; *Djenné*, point le plus important du Niger; *Mopti*, proche du Macina rive gauche, pays des troupeaux et des laines, porte de Macina rive droite, route de Bandiagara; *Yovarou*, sur la rive ouest du Dhébo, qui fut autrefois la métropole des Peuls du Farimarké, village aussi important à leur dire et aussi riche que Tombouctou. Centre commercial des laines et des couvertures blanches ou bariolées. Ruinée par Tidiani, elle est en voie de reconstruction; *Korienzé*, très riche village, marché d'échange avec les Touaregs de la rive droite du Niger; *Sariferé*, un des points d'aboutissement *par* Douenza, des caravanes de la boucle sur Tombouctou; *Tombouctou*, point obligé de tous les échanges entre le sel de Taodéni et les produits de la boucle, grains, cotonnades, colas, mil, farine de baobad, etc.

Puis, en aval de Tombouctou, *Kirago*, *Bamba*, *Gao*, centre d'une grosse agglomération; *Assougo Zinder*, gros marché local hebdomadaire; *Sanson Haoussa*, point commercial le plus important de la région. Les caravanes y viennent du Sud Oranais et même de Tripoli.

CHAPITRE IV

IMPORTATIONS A TOMBOUCTOU EN 1896

§ I. — **Étoffes.**

Provenance du Sénégal par diverses voies :

Guinée.		Tissus divers.	
Pièces.	Pièces.	Pièces.	Pièces.
Marques françaises.	Marques étrangères.	Marques françaises.	Marques étrangères.
13.125	3.993	1.101	726

Provenance du Maroc, du Touat et de la Tripolitaine :

Guinée.		Tissus divers.	
Pièces.	Pièces.	Pièces.	Pièces.
Marques françaises.	Marques étrangères.	Marques françaises.	Marques étrangères.
1.067	86	537	5.959

§ II. — **Denrées.**

L'importation de denrées à Tombouctou se réduit à du sucre, ayant varié de 10 à 5 fr. le kilogramme; prix actuel : du thé, au prix de 5 fr. le kilog., du thé, au prix de 50 fr. le kilog. et un peu d'absinthe.

Sucre, 2,687 kilog. .	20.995 fr.
Thé 173 kilog. . . .	8.650
Absinthe, 42 litres .	504
Total. . .	30.149 fr.

Sauf 175 kilog. de sucre de marque anglaise, et 344 kilog. de marque belge, provenant du Maroc, ces marchandises sont françaises.

Aux chiffres précédents, il faut ajouter l'importation du sucre qui se fait par le Sahel, dont la valeur atteint une vingtaine de mille francs, d'origine française ; et le sel en vrac, qui est introduit dans les régions sud pour 24.306 fr., dont 18.183 fr., c'est-à-dire les trois quarts, d'origine anglaise.

Les produits alimentaires se chiffrent, en 1896, par une importation de 588.965 fr., dont 30.149 fr. pour Tombouctou, ainsi qu'on vient de le voir par le tableau qui précède ; le reste pour Kayes et Médine.

Ces marchandises sont, par ordre d'importation à Kayes :

Provisions et conserves alimentaires.	154.670 fr.
Vins et spiritueux.	141.148
Sucre et cassonnade.	94.972
Sel blanc.	63.166
Riz blanc.	22.825
Biscuit.	2.035
Total. . .	478.816 fr.

Tous ces produits, sauf une petite quantité de sucre anglais (1.200 fr.) sont déclarés de provenance française.

CHAPITRE V

L'IMPORTATION EUROPÉENNE AU SOUDAN

M. le capitaine Ballieu, dans un rapport adressé l'année dernière au ministres des Colonies, donnait les renseignements suivants sur l'importation européenne au Soudan, pendant l'année 1896.

Lieux d'importation.	Guinée française.	Guinée étrangère.	Tissus et cotonnades françaises.	Tissus et cotonnades étrangères.	Étoffes indigènes.	Totaux.
—	Francs.	Francs.	Francs.	Francs.	Francs.	—
Kayes-Médine .	569.403	436.558	765.781	581.655	10.680	2.364.077
Région du Sahel.	(48.689)	pour mémoire		»	»	»
Tombouctou . .	280.587	95.315	46.145	143.762	116.428	682.237
Région N.-E. .	20.000	pour mémoire	13.700	»	18.380	18.380
Région Sud . .	2.147	29.483	8.755	52.832	1.306	93.217
Totaux . .	872.137	561.356	831.381	778.249	146.794	3.157.911

Le marché est donc partagé, ajoute le capitaine Ballieu, entre les productions étrangères et les françaises, avec une faveur marquée pour ces dernières (290.781 fr. de plus-value sur les guinées, 42.432 fr. seulement sur les autres tissus). Le total d'importation européenne atteint 3 millions de francs.

Le nombre approximatif des pièces de guinée a été, en chiffres ronds, de :

120.000 sur le marché de Kayes et de Médine;
18.000 sur le marché de Tombouctou;
3.000 sur les marchés du Sud.

Nous ne tenons pas compte des importations faites dans les régions Nord-Est et du Sahel, parce qu'elle représentent plutôt, dans le mouvement général, un reflux de trop plein d'exportation plus ou moins éloignée, qu'une réelle importation.

A ce mouvement correspond en effet une exportation de 253.798 fr., dont 227.278 représentent environ 25.000 pièces, par la seule frontière du Sahel.

Le pays a donc consommé une quantité totale de 116.000 pièces de 15 mètres, ou 1 million 740,000 mètres, variant de 0 fr. 50 à 1 fr. 25. Ce dernier prix, qui est celui de Tombouctou, est une exception, qui ne s'étend qu'à Goundam, Bandiagara et Djenné (il y a un an, la valeur de la guinée y dépassait 2 fr.). La conséquence de ces prix maxima est l'afflux des étoffes indigènes, qui a atteint, rien que comme provenances du Mossi, la somme de 116.428 fr. Partout ailleurs, la guinée, ne dépassant pas 1 fr. après les plus longs trajets, peut lutter avantageusement contre les étoffes indigènes.

*
* *

Le rapport du capitaine Ballieu constate la place considérable laissée à la concurrence étrangère, malgré le système protectionniste appliquée au Soudan.

Dans le sud, les tissus étrangers figurent à peu près seuls à l'importation.

L'auteur du rapport pense que cela tient surtout à ce que les maisons anglaises sont mieux approvisionnées que les nôtres, comme choix et variétés de marchandises.

Dans le nord, le capitaine Ballieu pense qu'on pourrait, par la voie de Mogador, trouver un écoulement considérable de pièces de Guinée, de basin et de soierie moyenne.

Articles divers.

On vend dans la région nord-est du Soudan, des bracelets en cuivre de fabrication anglaise au prix de 0 fr. 50 à 0 fr. 75.

Les cardes à coton sont presque partout de fabrication anglaise. On peut évaluer à 5.000 environ la quantité qui en est importée annuellement.

La culture du coton prend une grande extension. Le prix

moyen en est d'une dizaine de francs sur le Niger, soit la moitié environ à l'importation.

La quincaillerie, la coutellerie, la chaudronnerie et l'article de Paris sont généralement d'origine française, sauf dans le sud où les Anglais ont su faire admettre, par les indigènes, certains modèles aujourd'hui d'une vente courante.

*
* *

Sur cette catégorie d'objets divers, le chiffre des importation a été de 306.920 fr., se divisant ainsi :

Produits français. .	257.468 fr.	
Produits anglais. .	20.573 fr.	(quincaillerie, verroterie, bimbeloterie.)
Produits allemands.	9.079 fr.	(verroterie, bimbeloterie.)
Produits américains.	19.800 fr.	(tabacs.)

CHAPITRE VI

CE QUE PRODUIT LE SOUDAN

Dans son œuvre, « *Voyage dans l'intérieur de l'Afrique* », un anglais, Mungo Park, constate la prodigieuse fertilité du sol soudanais ; il remarque la quantité considérable de troupeaux de bétail parqués dans la région, la richesse de certaine tribus qui possèdent des moutons par milliers. (Dans le Ségou, des tribus en ont jusqu'à cinq cent mille).

Le colonel Galliéni (*Deux campagnes au Soudan*), Korper (*Mission agricole au Soudan*), le colonel Archinard (*Notes sur les productions du Soudan*), ont mentionné des choses analogues, attestant la richesse de la région soudanaise.

Le cotonnier a, d'après le colonel Archinard, la valeur des catégories moyennes de l'Inde, mais l'indigène le cultive peu, tout moyen de transport faisant défaut.

Le tabac est cultivé partout et peut donner, par l'extension de sa culture de très gros résultats.

Le caféier est cultivé sur beaucoup de points du Soudan (Korper). L'indigo est abondant. On l'a classé au Havre comme équivalant à celui de Java et du Bengale (colonel Archinard).

Deux essences forestières, le *ru* et le *go* donnent des teintures jaunes très utilisables par l'industrie européenne (lieutenant-colonel Marmier).

L'encens se trouve dans toute l'étendue de la colonie;

Le manioc qui donne des produits analogues au tapioca est très fréquent.

Le poivre existe en grandes quantités.

Le miel est abondant et la cire peut être l'objet d'un négoce très important.

Les deux rives du Niger offrent des produits différents :

Sur la rive droite, le caoutchouc et la gutta-percha.

Sur la rive gauche, le gommier envahit toute la partie Nord de notre colonie (commandant Aubry).

Les articles de grand commerce sont : l'arbre à beurre, le ricin, les arachides.

Le ricin qui, au Sénégal, n'a pas pris l'extension qu'aurait désiré l'administration, est plus heureux au Soudan.

En 1877, la France consommait 320 tonnes environ de graines de ricin. Douze ans plus tard, le marché français en absorbait 18,000 tonnes provenant surtout du Soudan.

Le maïs, le riz, le mil abondent dans la colonie. Le mil est l'aliment principal de la population soudanaise comme des populations du Sénégal, du reste.

L'abondance de ces divers produits permettrait facilement l'installation d'une fabrique d'alcool de grains du genre de celle que nous avons décrite au chapitre « Industries nouvelles ».

On peut se rendre compte, par l'énumération qui précède, des richesses d'une contrée avec laquelle, pour l'instant, aucun commerce n'est possible, les moyens de transport pratiques manquant totalement, ainsi que nous allons le démontrer.

Les Bois et Essences au Soudan.

Les bois de construction sont nombreux, mais peu d'entre eux sont résistants.

Dans cette dernière catégorie, il faut citer le *Sounsoun*, bois dur utilisé pour la navigation ; le *Rômen*, utilisé dans la construction des pilotis, sa résistance à l'action de l'eau étant considérable; le *Oualo*, bois très dur, dont les indigènes font des manches d'outils ; le *Karité*, bois résistant, fournissant des charpentes ; le *Caïlcédrat*, arbre gigantesque, atteignant parfois 15 à 18 mètres de hauteur. Le bois de cet arbre, très résistant, peut être utililisé dans la construction des habitations, des bateaux, et appliqué à tous les usages du charpentage et de la menuiserie. Le *Guéno*, servant à la fabrication des pilons à mortier.

Parmi les arbres fournissant un bois moins dur que les précédents, citons : le *Lingué*, le *Rhot*, le *Saupa*, servant à la fabrication des meubles légers ; le *Guélin*, bois dur, mais résistant peu à la compression ; on en fait également des meubles. Le *Koti* et le *Fromager*, bois tendres employés dans la fabrication des pirogues, des portes, des bancs et tabourets ; le *Faro*, dont l'écorce sert à faire de la corde ; le *Bambou*, utilisé dans la vannerie.

Il existe d'autres bois employés par les indigènes, tels que le *Khad*, le *Sana*, le *Ponre*, le *Kolo-Kolo*, etc., mais ces bois ne sont pas d'utilisation courante.

CHAPITRE VII

L'INDUSTRIE AU SOUDAN

Dans l'industrie du Soudan, l'élément européen est représenté, à l'heure actuelle, par quelques rares unités. A Kayes, par exemple, en dehors des installations faites pour les services publics, il n'existe qu'un seul commerçant européen.

Il y a, toutefois, depuis quelque temps, une briqueterie, une presse à huile et une machine à glace, installées avec la participation officielle. L'unique commerçant européen de Kayes a installé d'abord une boulangerie, ensuite une fabrique d'eau de seltz et de limonade gazeuse. Ces deux installations donnent déjà d'excellents résultats, et il serait à désirer que l'exemple de ce commerçant fût suivi par plusieurs de nos compatriotes.

Les fabrications industrielles qui auraient des chances de réussite au Soudan sont :

Le dévidage du coton, la fabrication d'huile, la teinturerie, la fabrication des briques, la tannerie, la mouture des grains, la distillerie, la fabrication des viandes de conserve.

L'industrie indigène un peu importante comprend des forgerons, des tisserands et des cordonniers.

Il y a, là-bas, une large place à prendre pour des industriels européens, la plupart des méthodes d'application industrielles en usage étant surtout des méthodes primitives.

CHAPITRE VIII

LES PRODUITS D'EXPORTATION DU SOUDAN

Parmi les produits d'exportation du Soudan, *la gomme* occupe la première place.

Il en a été exporté, en 1896, 1.327.274 kilos formant un total de 533.504 francs.

Les prix ont varié de 0 fr. 30 à 0 fr. 50 le kilo, selon que l'exportation s'est faite par Médine ou par Nioro.

A Tombouctou, la gomme existe en grande quantité sur le marché, son prix est de 0 fr. 15 à 0 fr. 20.

Le caoutchouc a donné les chiffres d'exportation, vers la côte, qui suivent :

1895, 71.342 francs, représentant 35,671 kilog., à 2 francs.

1896, 135,521 francs, représentant 90.347 kilog., à 1 fr. 50.

Différence en plus pour 1896, 64,179 francs.

Le caoutchouc du Soudan est, paraît-il, assimilable à celui de Para.

M. Sambain, membre du Conseil privé du Sénégal, en a fait une analyse très détaillée et a reconnu que la qualité des échantillons était non seulement bonne, mais que quelques-uns étaient même de qualité supérieure.

Mentionnons encore, parmi les produits exportés par le Soudan, l'or, l'ivoire, les peaux et les plumes.

L'ivoire est peu répandu. L'exportation totale a été de 7.473 francs pour 1896.

Les chiffres manquent en ce qui concerne les autres produits exportés.

CHAPITRE IX

MOYENS DE TRANSPORTS ACTUELS AU SOUDAN

Il n'existe, pour l'instant, aucune route au Soudan. On en est réduit à effectuer le transport des marchandises soit à dos d'ânes, soit à l'aide de porteurs, ce qui ne dépasse pas la limite du colportage.

Les transports coûtent actuellement de 2 à 3 francs par tonne et par kilomètre.

De Kayes au Niger, les marchandises doivent donc payer entre 1,200 et 1,700 francs de transports par tonne, ce qui rend tout échange, entre la colonie et la métropole, irréalisable.

Il y a donc lieu, par conséquent, de se préoccuper de cette question de transport à laquelle sont attachés tant d'intérêts commerciaux et industriels.

On a commencé à établir une voie ferrée, ainsi que nous l'avons dit plus haut, mais il reste 400 kilomètres à construire, et c'est à la réalisation rapide de cette construction que tendent, en ce moment, tous les efforts de l'administration.

Autour de nos possessions de l'Afrique occidentale, nous avons, des exemples.

Les Belges, au Congo, ont assez mal débuté avec leur chemin de fer de Stanley-Pool, mais ils ont corrigé les erreurs des premières heures et leur voie ferrée s'établit à raison de 150 kilomètres par an, alors que nous nous contentons d'en faire 10 dans le même laps de temps.

D'autre part, les Anglais pénètrent dans l'Afrique centrale par cinq voies différentes et leurs possessions africaines sont dotées, pour l'instant, d'un réseau de plus de 3,500 kilomètres.

Les Portugais même, se montrent d'une activité très supérieure à la nôtre, car ils exploitent 350 kilomètres sur 400 de leur ligne de Loanda à Ambacca.

Il faut donc, nous le répétons, nous hâter, car le Soudan ne peut être mis en valeur avant l'achèvement de la ligne de pénétration qui nous permettra de canaliser, en quelque sorte, les richesses du Soudan et d'ouvrir un chemin facile à l'importation des produits de la métropole.

Il est à remarquer qu'une fois le chemin de fer construit définitivement et un service de paquebots sur le Niger installé sur le modèle des Messageries fluviales du Sénégal, il sera probablement nécessaire de greffer sur l'artère principale, des embranchements destinés à desservir les points de la contrée où ces moyens de transports seront reconnus utiles.

Mais, à l'heure actuelle, il s'agit de terminer le tronçon de 400 kilomètres qui doit être le dernier effort pour ouvrir définitivement la grande route française reliant directement les ports de Dunkerque, le Havre, Bordeaux et Marseille avec le Soudan.

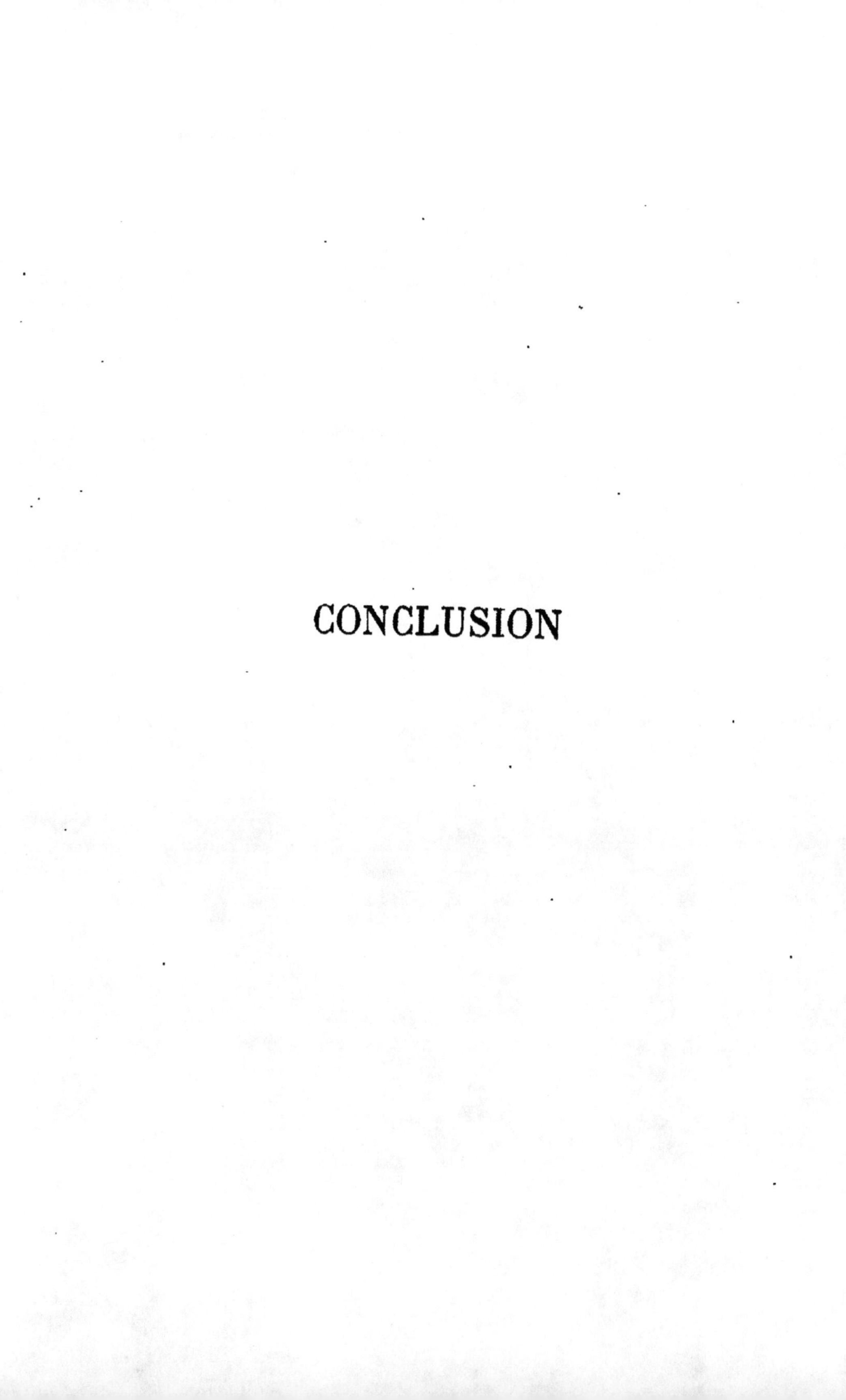

CONCLUSION

CONCLUSION

John Russell disait un jour à la tribune du Parlement anglais : « On peut se passer de colonies quand on jouit de la liberté commerciale ; mais elles sont indispensables quand on est régi par des lois protectrices. »

Les colonies sont, en effet, ou plutôt devraient être, sous un régime de protection, les clients du commerce et de l'industrie de la métropole.

Or, en France, il n'en est malheureusement pas ainsi. Nos colonies deviennent trop souvent par l'indifférence de nos commerçants, des centres d'exploitations livrés à nos concurrents étrangers.

Et quand nous voyons le mal grandir, quand l'envahissement nous paraît atteindre des limites excessives, nous nous plaignons et demandons au gouvernement de nous venir en aide et de protéger davantage l'industrie nationale.

Il est fort naturel de gémir quand on se voit déposséder, mais il eut été infiniment plus pratique de se défendre et de lutter contre la concurrence étrangère par les armes dont on dispose.

Nous ne sommes pas moins colonisateurs que les Anglais, car, il ne faut pas l'oublier, ce sont les Dieppois qui fondèrent les premiers comptoirs d'échange au Sénégal, mais, si une fois implanté dans une colonie, nous savons faire tous les efforts nécessaires pour nous y maintenir, il faut bien reconnaître que c'est avec une extrême difficulté que nous nous mobilisons.

Chez nous, on ne s'expatrie pas volontiers et quand on se résout à quitter la terre de France, ce n'est jamais qu'à titre momentané, avec l'espoir de faire une rapide fortune et de revenir un jour au pays natal.

Nous nous expliquons aisément ce sentiment très naturel, bien qu'il ait pour résultat d'empêcher la création d'une famille dans la colonie et d'y étendre ainsi l'influence française en faisant souche de rejetons français.

Jadis, lorsque les moyens de locomotion étaient moins faciles, on ne revenait pas toujours des contrées lointaines où l'on allait planter sa tente. Et le rameau français s'étendait sur la colonie, les générations succèdant aux générations, laissant en germe dans le cœur des enfants, le sentiment profond de l'amour de cette patrie qu'ils ne connaissaient que de nom.

Témoin : le Canada.

Ces temps ne sont plus. Les distances se sont effacées avec les moyens de transport rapides dont on dispose et il semblerait que par suite de cette facilité de communication avec la Métropole, nos commerçants et industriels devraient se déplacer aisément, se rendre aux colonies, y étudier sur place les transactions commerciales possibles et diriger une partie de leurs efforts vers ces débouchés largement ouverts.

Il n'en est rien, malheureusement.

On traite les affaires par correspondance. On s'adresse à l'administration coloniale ou, quand il s'agit de l'étranger, à nos consuls. On leur demande des renseignements qu'on utilise ou qu'on n'utilise pas et quand la somme d'efforts à dépenser ne paraît pas devoir produire des résultats immédiatement appréciables, on renonce à tenter de faire des affaires avec les régions lointaines.

Nos concurrents sur les marchés des deux Mondes agissent tout autrement.

Ils ne se contentent pas de se faire délivrer des renseignements administratifs ; ils ne pensent même point qu'il doit suffire d'envoyer un voyageur se renseigner sur place ; ils détachent de leur maison, soit un associé, soit un parent, et ce dernier se rend dans la contrée, s'y installe et pendant plusieurs mois étudie les coutumes, les goûts de la population, les chances qu'aurait tel ou tel produit de « prendre » dans la colonie.

Six mois après son arrivée, l'étranger est au courant de ce qui se fait en matière commerciale, il connaît les désirs habituels de la clientèle indigène et de la clientèle flottante ; il sait, en un mot, dans quel sens il convient de diriger ses efforts avec chance de réussite.

Et quelques temps après, une maison étrangère est fondée.

C'est l'histoire de tous les jours.

Un habitant de Lille, ingénieur fort distingué, ayant beaucoup voyagé, beaucoup vu et beaucoup retenu, me disait récemment à ce sujet :

Il y a quelques temps, j'étais aux îles Canaries et les questions commerciales m'intéressant particulièrement, je me renseignai auprès des consuls, sur la nature des produits se vendant couramment dans ces régions et sur la nationalité de ceux qui les fournissaient. De ce que j'appris, voici le résumé, d'une triste éloquence, hélas !

« Il y a moins de dix ans, la France occupait ici la première place au point de vue commercial. Depuis lors, grâce aux efforts des concurrents étrangers, à leur sens pratique des affaires, à la facilité avec laquelle ils venaient sur place étudier tout ce qui se rattachait au commerce, la France est aujourd'hui tombée au septième rang.

« Chez nous, conclut-il, on ne se déplace pas. C'est de là que vient tout le mal. »

Eh bien, ce que j'ai voulu faire en rédigeant ce rapport, ce que je me suis attaché à vouloir établir en renseignant avec précision nos concitoyens sur le mouvement commercial actuel du Sénégal, c'est qu'il est facile d'y faire des affaires, mais à la condition de se rendre d'abord dans la colonie.

On a pu voir avec quelle facilité, quelle rapidité pouvait se faire ce voyage.

Il est moins onéreux qu'une saison de deux mois aux bains de mer.

Je voudrais avoir convaincu tous les industriels et commerçants dont les produits peuvent trouver un écoulement au Sénégal, de la possibilité pour eux de trouver de larges débouchés dans cette région.

Avec la nouvelle voie de pénétration qui s'ouvre à travers le Soudan et qui bientôt joindra le Sénégal au Niger, on ignore quels gros résultats on peut attendre de cette situation.

Car il faut pas l'oublier : De France à Tombouctou, c'est une route exclusivement française qui se crée en ce moment.

Il nous paraît, par conséquent, tout à fait naturel, que ce soient des Français qui en aient le profit.

Pour terminer, je n'ajouterai que quelques mots :

Dans toutes nos colonies, l'étranger vient nous faire une concurrence redoutable. Les pays soumis à notre autorité *nous coûtent en général fort chers*, et nouveaux Ratons, nous tirons les marrons du feu pour les Bertrand anglais et allemands.

Un ministre disait, il y a quelque temps, à la tribune du Parlement :

« Nous dépensons, à l'heure actuelle, pour nos colonies, une moyenne de 80.000.000 de francs chaque année pour un débouché de 90.000.000.

« L'étranger qui ne dépense rien, a, dans ces mêmes colonies qui nous appartiennent, un débouché annuel de 126.000.000 ! »

Ces chiffres sont pleins d'éloquence.

Nos concitoyens pourront y voir le mal que leur fait la concurrence étrangère. Ils comprendront, nous voulons l'espérer, la nécessité de faire un effort.

La colonie du Sénégal, celle du Soudan s'ouvrent à leur activité.

Le commerce bordelais seul jusqu'à présent, l'a compris. Il s'est déjà fait une place lucrative au Sénégal. A côté de lui, on peut s'en faire une autre, et c'est sur ce point que le délégué des chambres de commerce du Nord à l'honneur d'appeler l'attention de tous les intéressés.

E. LAGRILLIÈRE-BEAUCLERC.

PIÈCES ANNEXÉES

PIÈCES ANNEXÉES

Pièce n° 1.

REQUÊTE

PRÉSENTÉE A LA CHAMBRE DES DÉPUTÉS PAR M. ARTHUR DUHEM, INDUSTRIEL A LILLE, EN FAVEUR DES FABRICANTS FRANÇAIS DE L'ÉTOFFE DITE « GUINÉE » EMPLOYÉE AU SÉNÉGAL.

Lille, le 4 juin 1889.

Messieurs les membres de la Chambre des députés, à Paris.

Messieurs les députés,

Nous avons l'honneur d'appeler votre attention sur la situation déplorable qui est faite à l'industrie nationale dans nos colonies par la législation économique qui les régit et nous venons vous signaler tout spécialement un des faits les plus saillants qui justifient dans la plus large mesure les plaintes du commerce français à ce sujet, dont la Presse s'est faite l'écho dans ces derniers temps.

Nous voulons parler du Sénégal et de son importation des « guinées ».

La guinée est une coupe de tissu de coton, teinte à l'indigo, mesurant 15 mètres en longueur et 80 centimètres en largeur, destinée à vêtir les noirs du Soudan.

Notre colonie du Sénégal a importé en 1887 la quantité de 664,133 coupes de guinée, qui lui ont été fournies à raison de :

268,465 coupes pour Pondichéry et

395,568 coupes pour la Belgique, l'Angleterre et l'Allemagne et représentant en chiffres ronds et en valeur très approximative :

1,500,000 francs pour Pondichéry;

3,000,000 francs pour l'étranger.

Comme vous le voyez, messieurs les députés, l'industrie nationale métropolitaine est totalement exclue de ce chiffre qui représente à peu près le quart du chiffre de toute l'importation sénégalaise, et si vous voulez bien prendre en considération que la pénétration dans le Soudan et l'achèvement du chemin de fer qui doit relier le fleuve Sénégal au Niger, va amener un nouveau développement du commerce de cet article, vous comprendrez toute l'importance qu'il y a pour notre pays à poursuivre au plus tôt la réforme de cet état de choses.

L'Administration du Sénégal reste sous l'empire de l'article 18 du Sénatus-Consulte du 3 mai 1854, aux termes duquel les colonies autres que la Martinique, la Guadeloupe et la Réunion sont régies par décret.

Or, un décret du 24 décembre 1864 a accordé au Sénégal la faculté de recevoir les marchandises nécessaires à son commerce directement de tous pays et sans autre droit qu'une taxe purement fiscale, égale pour tous les produits français ou étrangers.

Sous l'influence de ce régime qui favorisait si largement la concurrence étrangère, la fabrication française ne tarda pas à disparaître du marché sénégalais et tout particulièrement la guinée française qui jusque-là y avait été seule admise, et l'industrie de Pondichéry qui en introduisait la plus grande partie fut menacée d'un tel désastre que l'État dut lui venir en aide pendant trois années consécutives, par une subvention annuelle de cent mille francs.

Frappé de cette situation ruineuse pour notre industrie et jugeant de la plus haute urgence d'intervenir en sa faveur, M. le Ministre de la Marine et des Colonies rendit le 19 juillet 1877 un décret qui frappait les guinées importées au Sénégal et fabriquées ailleurs qu'en France ou dans les établissements français de Pondichéry d'un droit de 8 centimes par mètre, en sus de la taxe fiscale de 4 centimes qui grevait déjà les guinées de toute provenance.

C'est alors que Bordeaux, qui monopolise presque complètement le commerce du Sénégal et dont le libre échange favorisait les opérations dans cette colonie, entreprit près des pouvoirs publics une ardente campagne qui aboutit au décret du 17 octobre 1880, ramenant à 4 centimes le droit différentiel, protecteur de l'industrie nationale.

C'était, sous une forme déguisée, l'annulation du décret du 19 juillet 1877, lequel aurait permis à notre industrie de se relever, ce qui n'était plus possible avec le droit de 4 centimes. Après quelques essais infructueux, Rouen abandonna la partie et l'étranger régna de nouveau en maître sur le marché.

Toutefois, Pondichéry, qui ne fabrique que de très bas produits, et grâce à la situation privilégiée que lui font sa production de coton et d'indigo, put se maintenir à l'abri de ce droit de 4 centimes qui lui était, à la valeur, plus avantageux qu'aux qualités plus élevées.

Cette suprématie acquise à l'étranger, à la Belgique plus particulièrement, avait eu pour conséquence de faire hausser les prix : de sorte que, lorsque, en 1884, une fabrique importante française, qui avait à son tour essayé la fabrication de la guinée, arriva sur le marché avec des produits remarquables, n'ayant rien à envier sous le rapport des qualités aux produits belges et avec des prix à peu près égaux, elle obtint quelques succès qui firent croire que le marché allait enfin être reconquis par la France.

Mais les Belges abaissèrent leurs prix à tel point que la maison en question fut obligée à son tour de renoncer à la lutte. Depuis, ce sont encore les Belges qui ont repris la plus grande place et ils la tiennent si bien que toutes les tentatives récentes faites par les Français ont échoué misérablement.

M. le sous-secrétaire d'État aux Colonies, préoccupé d'alléger le budget métropolitain des charges que lui impose l'administration des colonies, résolut de supprimer les subventions qu'il payait au Sénégal et, par une dépêche en date du 4 novembre 1887, en même temps qu'il l'informait de cette résolution, il l'invitait à réformer son régime douanier pour en tirer la compensation de cette suppression.

Il indiquait pour cela deux moyens :

1° l'établissement d'un droit de sortie;

2° le remaniement du tarif des droits d'entrée, en *accordant aux produits métropolitains une détaxe de 40 à 60 %*.

Malheureusement, le Conseil général du Sénégal, oublieux des intérêts de la mère-patrie, a passé outre à ces indications et s'est borné à voter une augmentation de 2 % sur tous les droits établis, n'améliorant en rien la situation de l'industrie métropolitaine et surtout de la guinée qui nous occupe.

Pour vous faire apprécier bien exactement, messieurs les députés, les conditions faites à notre industrie dans la colonie du Sénégal pour cet article, il est nécessaire que nous vous mettions sous les yeux le tarif conventionnel français en ce qui concerne la catégorie dans laquelle se range la guinée : il en résulte que ce tissu, qui n'est protégé au Sénégal qu'à raison de 4 centimes par mètre, paierait à son entrée en France :

Extrait du tarif conventionnel français :

Tissus de coton pur, croisés et coutils teints, pesant 11 kilos et plus les 100 mètres carrés, présentant en chaîne ou en trame, dans l'espace de 5 millimètres carrés, 30 fils au moins. . . . . 75 francs les 100 kilos.

La guinée du poids de	1,350 gr. les 15 m.	paierait	0,085	par mètre.
—	1,650	—	0,097	—
—	1,800	—	0,113	—

Ainsi, dans l'élaboration savante de ce tarif douanier, on a jugé indispensable de porter le taux du droit à ces chiffres, pour nous garantir contre l'invasion des produits étrangers, auxquels on ouvre toutes grandes les portes de nos colonies par un abaissement inouï de ce droit.

Est-il admissible, messieurs les députés, qu'ayant à supporter en plus des charges très lourdes de la mère-patrie, qui nous placent déjà dans des conditions d'infériorité vis-à-vis de l'industrie étrangère et particulièrement de la Belgique et de l'Angleterre, dont la situation économique justifie la production à meilleur marché, est-il admissible, disons-nous, qu'ayant à supporter les charges supplémentaires des colonies, nous y soyions traités moins favorablement que dans la métropole? Que nous ayions colonisé au prix du sang de nos soldats et de l'argent de nos contribuables, que nous y entretenions une armée sous un climat dangereux, que nous y soyions les pionniers et souvent les victimes de la civilisation, pour aboutir à quoi? à une dépense annuelle d'environ dix millions de francs pour y introduire dix millions de nos produits et à procurer à l'industrie étrangère des débouchés qui lui permettent de nous écraser de mieux en mieux.

La statistique des douanes accuse, en effet, que le chiffre des importations au Sénégal s'est élevé en 1887 à 22 millions, dont :

10 millions de produits français;
12 millions de produits venus de l'étranger.

Ces chiffres, qui sont malheureusement trop éloquents, vous pénétreront, messieurs les députés, de la légitimité de notre réclamation.

Les motifs invoqués par le Conseil général du Sénégal pour repousser l'établissement de droits différentiels sont, d'une part, la crainte chimérique de provoquer des représailles de la part des colonies voisines du Sénégal, et d'autre part, qu'en frappant les marchandises de droits élevés, *les caravanes ne soient portées à se pourvoir près des colonies étrangères.*

Pour juger de la valeur de cet argument, il faut lire l'appréciation de la Chambre de commerce de Saint-Louis du Sénégal, le meilleur juge dans la matière; la voici d'abord dans une réponse au questionnaire qui lui avait été adressé par le ministre de la Marine et des Colonies en juillet 1875.

« En juillet 1875, la Chambre de commerce de Saint-Louis « du Sénégal, dans une réponse au questionnaire adressé par « le ministre de la Marine et des Colonies, sollicite une pro- « tection pour l'industrie métropolitaine : elle demande l'élé- « vation à *20 centimes par mètre* du droit sur les guinées « étrangères. »

Puis, dans un extrait de sa délibération du 6 décembre 1876 :
« *Le marché sénégalais nous appartient entièrement, aucun* « *peuple européen ne peut nous le disputer* : nous devons « donc, lorsqu'il y a avantage pour nous à le faire, donner « aux produits nationaux des facilités pour conquérir la « place qui leur appartient et que nous avons livrée, sans « profit pour la colonie, depuis plusieurs années à la produc- « tion étrangère. »

Nous venons donc, messieurs les députés, confiants dans votre grande sollicitude pour tout ce qui touche aux intérêts de l'industrie nationale, vous prier de vouloir bien accueillir notre requête, en modifiant notre régime douanier au Sénégal, par l'application aux tissus de notre tarif conventionnel.

Nous vous prions d'agréer, messieurs les députés, l'assurance de notre profond respect.

Signé : ARTHUR DUHEM ET Cie

Pièce n° 2.

COMMUNICATION

DES TEINTURIERS DE LILLE FAITE A M. LAGRILLIÈRE-BEAUCLERC, DÉLÉGUÉ DES CHAMBRES DE COMMERCE DU NORD AU SÉNÉGAL.

Les teinturiers de Lille, par l'intermédiaire de M. Arthur Duhem, m'ont fait parvenir la note suivante dont les conclusions méritent d'être appuyées auprès des pouvoirs publics :

Lille, le 3 octobre 1897.

Indépendamment de la guinée, la colonie du Sénégal importe pour une somme très importante des roumes, des sucretons, des calicots blancs et surtout des indiennes qui tous, sauf quelques indiennes, viennent de l'étranger.

Le roume est un tissu de coton en bleu clair glacé; le sucreton est le même article en bleu très foncé à reflet cuivré; nous vous joignons d'ailleurs un échantillon de chaque.

Il est du plus haut intérêt que l'industrie nationale reconquière le marché de ces articles.

La guinée, le roume et le sucreton apporteraient à l'industrie lilloise, de la teinture en particulier, un soulagement précieux.

Vous n'ignorez pas, sans doute, que cette industrie est extrêmement malheureuse, misérable même, et le groupement tout récent de ses industriels en un syndicat, en vue d'améliorer leur situation, ne les sauvera pas d'un désastre, car leur mal tient à une grande insuffisance d'aliment.

L'application à la colonie du tarif métropolitain nous rendrait certainement tout ce marché, et il est inconcevable, inouï, que cela n'existe pas et que le commerce étranger soit, dans nos colonies, traité plus favorablement que dans la métropole.

Cela vient de ce que le commerce du Sénégal est tout entier entre les maisons de Bordeaux dont le libre échange favorise singulièrement les opérations.

En ce qui concerne le principe d'une faveur à accorder à l'industrie nationale, pas une seule voix n'ose protester, mais, aux démarches de nos industriels pour obtenir une élévation des droits, les négociants et la chambre de commerce de Bordeaux ont opposé le danger de voir se produire des représailles de la part des colonies voisines du Sénégal, d'une importation frauduleuse par ces mêmes colonies et une élévation considérable du prix des marchandises qui rendrait les transactions impossibles.

Autant de mots, autant de fantaisies.

Et, pour ce qui regarde les deux premiers arguments, on consultera utilement le rapport de M. Bon qui a été délégué par M. Étienne, sous-secrétaire d'État, pour aller étudier sur place la valeur de ces arguments.

Or, M. Bon a conclu que ces dangers n'étaient qu'imaginaires et qu'une importation des produits visés par les colonies voisines entraînerait une dépense de frais de transport beaucoup plus considérable que l'importance du droit réclamé.

Pour l'augmentation du prix des marchandises, elle ne pourrait être à la rigueur que de la différence de l'élévation du droit, et nous estimons qu'une fois mise en possession de ces affaires, notre industrie arriverait après quelque entraînement, à les produire aussi bon marché que l'étranger. Comment arriver à tirer la quintessence des conditions de production d'un article, s'outiller en conséquence, si on n'a pas à le produire.

On l'a bien vu d'ailleurs pour la guinée, que notre industrie avait momentanément reconquise, bien loin que l'élévation du droit ait provoqué de la hausse, par le simple jeu de la concurrence nationale, son prix s'est avili et est descendu à une limite qu'on n'avait jamais connue.

Malheureusement, la France a de nouveau perdu ce précieux aliment. C'est actuellement une maison hollandaise qui détient le marché avec un prix tel qu'il constitue incontestablement un sacrifice en vue de l'accaparement du marché, pour arriver ensuite à un résultat meilleur.

Nos démarches nous ont permis d'obtenir une élévation à six centimes par mètre du droit qui était précédemment de quatre centimes.

Nous avons été trop modestes et nous regrettons cette faute; nous aurions dû demander purement et simplement l'application du tarif conventionnel et le marché nous eût été pleinement acquis.

Or, retenez bien ceci, c'est qu'une coupe de guinée valant environ 6 fr. 50, si les chiffres de 1887 sont toujours exacts, cela représenterait *deux millions six cent mille francs*, dont la moitié, soit *un million trois cent mille francs*, reviendrait vraisemblablement à la teinturerie lilloise. C'est environ *cinquante pour cent de sa production actuelle!!!*

La consommation au Sénégal est peut-être encore, plus qu'aux autres colonies, imbue de traditions et, si les produits anglais y sont plus appréciés que les nôtres, c'est uniquement par ce phénomène de traditions et non par la supériorité de ces produits, car il est reconnu que les produits français sont généralement meilleurs, s'ils sont moins fardés.

C'est évidemment sur ce sentiment que compte le fabricant hollandais, car une fois sa marque ancrée dans la consommation, il deviendra difficile de la concurrencer, même avec un avantage de prix, c'est pourquoi il est grand temps qu'on prenne une mesure énergique, soit un droit qui soit quasi-prohibitif.

Pièce n° 3.

ÉTUDE SUR LE CAOUTCHOUC

M. Chaudié, gouverneur général de l'Afrique occidentale, a reçu, le 21 décembre 1897, de M. Adam, administrateur supérieur du district de la Casamance, une excellente étude sur le caoutchouc. Nous en avons d'ailleurs parlé dans notre rapport.

Nous avons cru devoir extraire de cette étude reproduite par le *Journal officiel de l'Afrique occidentale*, les renseignements ci-après qui nous ont paru de nature à intéresser un certain nombre d'industriels :

Les forêts de la Casamance contiennent, en quantité innombrable des lianes qui, quoique de la même famille, ne produisent pas un lait absolument semblable.

Ces lianes peuvent se diviser en quatre espèces :

1° Le Toll (Ouoloff). — Folé (Mandingue).

Cette liane est ordinairement reconnaissable à la minceur de son corps qui atteint la grosseur du poignet : elle se présente avec des nœuds assez rapprochés mais peu apparents : en général elle forme buisson et ses tentacules ne s'élèvent pas à une bien grande hauteur ; le latex qu'elle contient se coagule avec facilité, sous l'action du sel ou des acides, elle est considérée comme la seule donnant du bon caoutchouc.

Sa présence se révèle sur beaucoup de points de la Casamance ; malheureusement, certains extracteurs, comme les Mandingues par exemple, non seulement travaillent toujours les mêmes lianes mais souvent avec des procédés défectueux ; au lieu d'inciser légèrement la liane, ils l'entaillent trop profondément et quelquefois même la coupent, espérant ainsi obtenir une plus grande quantité de lait. Des recommandations spéciales ont été faites aux indigènes en vue de les amener à ne pas détruire les lianes.

2° Le Made (Ouoloff). — Kaba (Mandingue). — Sidipasou (Diola).

Cette liane qui acquiert un gros volume, présente un rameau vigoureux, mais sans nœuds ; elle s'élance à des hauteurs prodigieuses et ne forme jamais dans son enchevêtrement un corps compact ; quand on l'incise, on recueille un latex fort abondant ; mais qui ne se coagulant pas bien, reste toujours collant, gluant ; les indigènes fraudeurs s'en servent et le mêlent au latex du toll ; ils arrivent ainsi à former de grosses boules de qualité inférieure et dépourvues d'élasticité ; s'il était permis de trouver un procédé pour coaguler convenablement le made, on arriverait sans doute à une grande production, car le made est encore plus répandu que le toll dans le territoire de la Casamance. Un échantillon de lait du made est actuellement soumis à l'examen du laboratoire de l'hôpital militaire.

3° Boudj (Ouoloff). — Kessesso (Mandingue). — Foufenéfole (Diola).

Nous nous éloignons de plus en plus du toll ; puisque les indigènes n'ont pas essayé de se servir du Boudj pour le mêler au vrai caoutchouc ; cet arbre produit un latex qui, à l'air, devient très gluant, et est employé comme glu par les Noirs. En effet ceux-ci, à la saison des moissons, l'incisent profondément ; le lait est mis comme colle aux branches, et par ce procédé les petits oiseaux qui viennent manger les récoltes et se posent sur le boudj, deviennent ses prisonniers.

Cet arbre produit du lait en abondance et doit également se trouver très répandu ; nous ne pouvons que reproduire nos desiderata de la catégorie précédente. Un échantillon du latex du Boudj est soumis à l'examen du laboratoire de l'hôpital militaire.

4° Foulague (Mandingue). — Kaladumbo (Diola).

Cet arbre se rencontre surtout dans le Fogny. Comme les précédents, il contient beaucoup de lait, mais « jusqu'ici incoagulable » ; les Diolas s'en servent comme médicaments.

Voilà énumérées les différentes qualités de lianes ou arbres dont le lait coagulé ou non donne ou pourrait donner du caoutchouc ; il existe bien des espèces assez nombreuses de ficus, mais la pratique a démontré que le produit obtenu exhalait une odeur fétide et se pourrissait dans un très court espace de temps.

Procédés employés par les extracteurs.

Les procédés « d'extraction » varient selon la nationalité des extracteurs ; cependant une tendance se manifeste qui pousse les Noirs à adopter peu à peu une seule manière, celle qui donne les meilleurs résultats.

Actuellement on peut établir six catégories :

1° Méthode des Akous ;
2° Méthode des Mandiagos ;
3° Méthode des Mandingues ;
4° Méthode des Diolas ;
5° Méthode des Dioulas ;
6° Méthode des Peulhs.

I

Sous le nom d'Akous, on comprend les Sierra-Léonais, les Sous-sous, Timnés, Mindés, etc., tous venus du Sud. Ce sont eux que l'on considère comme les véritables professeurs de l'extraction caoutchoutière. Voici comment ils opèrent : ils entaillent légèrement la liane et, sur cette incision, jettent du sel ou de l'eau saturée de sel ; immédiatement le latex se coagule, et, en se solidifiant, coule sous la forme de fils qu'on enroule autour d'un noyau central. On obtient ainsi un caoutchouc très pur, puisqu'il ne renferme, en fait de corps étrangers, qu'un peu d'eau salée; quand la boule sera coupée et pressée, il ne restera que la matière propre; malheureusement quelques Akous ont abandonné ce procédé pour employer celui des Mandiagos; celui-ci, en effet, paraît plus avantageux pour le producteur, mais en revanche ne donne pas un produit aussi pur.

II

Le Mandiago, originaire des environs de Ziguinchor et de la Guinée portugaise opère sur plusieurs lianes à la fois; il fait de grandes entailles verticales qu'il asperge avec de l'eau salée et laisse couler; le latex recueilli soit dans des calebasses, soit sur de larges feuilles placées sous les lianes, affecte la forme de plaques; à la fin de la journée, le Mandiago emporte ses calebasses et ses feuilles qu'il laisse chez lui dans des récipients d'eau salée; quelques jours avant la vente, afin de les ramollir, il plonge les plaques dans de l'eau chaude et en les pliant les unes sur les autres arrive à façonner une grosse boule; cette grosse boule, nécessairement spongieuse, puisqu'elle vient de séjourner longtemps dans l'eau, a acquis une certaine pesanteur.

Ce procédé a pour l'extracteur ce double avantage, d'abord de lui épargner une trop grande fatigue, quant à l'extraction, ensuite de lui permettre de vendre une boule qui, contenant la même quantité de lait que la boule de caoutchouc, pèse néanmoins davantage; au début ce caoutchouc se présentant très pur était acheté à un très bon prix; aujourd'hui, les maisons doivent faire la part du déchet et ramener le prix à ses justes proportions; d'autant plus que quelquefois la boule ne se présente pas d'une absolue pureté, à cause de la terre et du sable dont était imprégnée la feuille ayant servi à recueillir les plaques.

III

Le procédé des Mandingues est sans doute la synthèse des deux méthodes ci-dessus; il n'y a pas longtemps que ces indigènes se sont mis sérieusement à ce genre de récolte ; ce n'est que poussés par le besoin qu'ils ont suivi l'exemple donné ; au début ils se sont donc trouvés en contact dans les forêts avec les Akous et les Mandiagos, et leur ont emprunté leur façon de travailler ; cependant ils ont plutôt imité le procédé Akou ; leurs boules paraissent serrées ; si parfois elles contiennent de la terre, elles ne se présentent pas spongieuses ; s'ils apportaient dans leur confection un peu plus de soins, celles-ci rivaliseraient avec la qualité la meilleure.

IV

Les Diolas du Fogny, dont M. Chapel a cité le procédé vers 1876, paraissent depuis avoir subi des influences bien rétrogrades ; ils ont perdu jusqu'au souvenir de leur ancienne méthode, si jamais ils se sont servis de la méthode qu'on leur prête. Dans tous les cas, voici aujourd'hui ce que font les Diolas : Quand ils ont besoin d'acheter un objet chez un traitant, ils s'en vont dans la forêt qui avoisinent le village ; la liane trouvée, ils l'incisent et laissent le lait se répandre soit sur des calebasses, soit sur des feuilles de palmier, la quantité suffisante obtenue, ils rentrent et jettent sur le produit recueilli, afin de provoquer la coagulation, de l'eau provenant des salines ; ce moyen ne produit pas un bon résultat ; d'abord cette eau est boueuse et salit le latex, puis les petites plaques ainsi obtenues, très imprégnées d'humidité, ne tardent pas, dénuées de toute préparation, à entrer en pourriture.

Ils suivent également un autre procédé : au lieu de tailler les lianes, ils creusent parfois la terre pour découvrir les racines, espérant recueillir une plus grande quantité de lait ; le latex, dans ces conditions, s'abîme au contact de la terre ; cette méthode ne peut être que fort défectueuse et très nuisible aux lianes ; les Compagnies refusent ce caoutchouc et les forêts perdent leurs lianes qui meurent des suites de l'ablation de leurs racines ; toutefois il est à remarquer que dans certaines parties du Fogny, à Manpalago, par exemple, le Diola mandinguisé apporte aux factoreries des boules très belles ; ce qui prouve que le Diola est susceptible de progrès.

Le Diola ne va pas porter lui-même sa menue monnaie caoutchoutière aux commerçants ; il la cède au Dioula, le commis-voyageur des pays d'Afrique; ce qui nous amène naturellement à parler de la méthode de ce dernier.

V

Le Dioula achète donc aux Diolas les petites plaques spongieuses et terreuses ; et voici ce qu'il en fait ; il les découpe en petites lanières qu'il plonge durant quelques jours dans un bain d'eau chaude ; il accomplit sans doute cette opération pour améliorer le caoutchouc ou pour le frauder davantage en le rendant plus pesant. Puis, après avoir soigneusement enduit les lanières de matières étrangères, il fait une boule à la façon des Mandiagos; ce produit où toujours rentrent des alliages défectueux n'est acheté par les factoreries qu'à un prix très faible.

A Bathurst, au contraire, les maisons se le sont disputé. Apporté sur le marché européen, il a puissamment contribué à jeter du discrédit sur la Casamance.

VI

Les Peulhs ont aussi un procédé dont la perfection est fort relative ; ils recueillent le lait non coagulé dans de grandes callebasses ou, à défaut de sel, ils jettent le jus de plantes acides ; puis, les plaques ainsi obtenues sont laissées dans l'eau pendant quelques jours ; le caoutchouc ainsi obtenu contient une trop grande quantité d'humidité pour posséder une valeur sérieuse ; très souvent même il se pourrit avant qu'on puisse le vendre ; les plaques affectent la forme de galettes.

*
* *

Ces différentes modes d'extraction tendent à se rapprocher du type modèle qui devrait être le procédé Akou. Plus nous irons, plus la conformité s'accentura, surtout si les populations Diolas se civilisent un peu et si les maisons de commerce se liguent pour n'accepter que la bonne qualité.

Notions générales sur les lianes caoutchoutières.

1° Terrains les plus propices au développement des lianes.

La liane à caoutchouc parait en Casamance ne pas se montrer difficile sur le choix du terrain; cependant l'expérience constate que les terrains marécageux et les terrains purement sablonneux ne lui sont pas favorables ; ce qui prouve qu'elle recherche un état hygrométrique tempéré ; le terrain rocailleux ne l'empêche pas de se développer, mais un peu d'ombrage lui est nécessaire. Or, la Casamance ne présente guère d'endroits tapissés de sable, sauf vers l'extrémité de son estuaire ; quant aux marécages il y en assez peu, les marigots se desséchant assez vite, l'hivernage fini, notre rivière se prête donc admirablement à l'exploitation du caoutchouc.

2° Description des fleurs et des fruits.

Les fleurs sont blanches et très petites ; elles dégagent une odeur agréable ; après avoir verdi, les fruits revêtent une teinte rougeâtre ; de la grosseur d'une petite orange, ils contiennent des noyaux recouverts d'une matière acide, à filaments, dont le goût calme un peu la soif en donnant une sensation de fraicheur.

3° Production.

Une liane de toll ordinaire peut donner deux boules par an de 1 kilo chacune ; une grosse fournira trois boules de 2 kilos chacune ; cette production représente pour la première une valeur de 8 fr. et pour la 2e une valeur environ de 20 fr. en admettant que l'on prépare le lait suivant le meilleur procédé.

Ordinairement on saigne les lianes au commencement de l'hivernage et dans les mois qui le suivent ; l'époque où le latex devient rare, c'est pendant les mois de mars, avril et mai; c'est donc la fin de la saison des pluies qui paraît être le meilleur moment.

4° *Coagulation du latex.*

Le latex du toll ne se coagule spontanément que sous l'action d'un acide quelconque, il se coagule lentement à l'air libre; le latex des autres espèces a résisté malheureusement jusqu'ici aux moyens ordinaires employés pour provoquer la coagulation. Le sel, l'eau salée, le citron, l'oseille, certaines plantes acides, et le tamarin, voilà les agents que l'on possède aujourd'hui; le tamarin plus particulièrement en usage dans les environs de Kadé, est jusqu'ici le meilleur agent de solidification; il donne à la matière un prix bien plus élevé que les autres qualités; malheureusement, en Casamance, ce fruit est assez rare.

Au moment de sa formation le coagulum paraît blanchâtre; ordinairement il brunit à l'air libre.

5° *Modifications dans la coagulation.*

La coagulation paraît varier un peu avec les saisons, ainsi on peut avancer que la coagulation est plus rapide après les pluies; en effet, pendant l'hivernage, il faut avoir soin, quand on asperge par un temps pluvieux, de ne pas laisser l'eau du ciel se mélanger avec le suc; cet élément d'humidité ne peut provoquer que de fâcheuses conséquences pour la qualité de la boule.

6° *Procédés d'incision.*

Les incisions doivent être faites à un centimètre environ; moins, on ne recueillerait pas tout le lait désirable; davantage, on courrait le risque d'abîmer la liane.

7° *Emploi des fruits, des fleurs et des racines.*

Les fruits et les fleurs ne paraissent devoir répondre à aucune utilité au point de vue commercial; les fruits rendent aux indigènes le service de calmer leur soif; quand aux fleurs les noirs ne paraissent pas en faire usage.

Les racines ne doivent pas être touchées; il faut bien se garder de songer à leur donner une destination autre que celle qu'elles ont reçue de la nature; agir autrement serait provoquer la mort de la liane.

(*Journal officiel de l'Afrique occidentale*, numéro du 6 janvier 1898.)

Pièce n° 4.

RENSEIGNEMENT SUR L'IMPORTATION

DES PRODUITS AFRICAINS AU SOUDAN

C'est au rapport de M. le capitaine Ballieu que nous emprunterons les renseignements suivants :

Le sel.

Le sel en barres est la plus grosse importation africaine du Soudan; quoique très cher, puisque son prix minimum à l'entrée de nos possessions est de 0 fr. 60 à Nioro, ses qualités lui valent de nombreux clients.

Voici les chiffres d'importation en 1896 :

Région du Sahel. . . .	1.354.303 fr.
— Nord. . . .	952.487
— Nord-Est . .	3.830
Danamba (région Ouest).	10.140
Totaux. . . .	2.320.760 fr.

représentant plus de trois millions de kilogrammes.

A ces chiffres, il faut ajouter le sel en vrac de provenance indigène, dont il est entré dans la région du Sahel pour 78.672 fr., à 0,25 le kilogramme, c'est à dire 314,688 kilogrammes.

Le Soudan a donc importé en chiffres ronds trois millions et demi de kilogrammes de sel africain, auxquels il faut ajouter, pour avoir la consommation totale de cette denrée, près de 400.000 kilogrammes venus par Kayes et par la région Sud.

Les animaux de boucherie.

Nous ne comprenons sous cette dénomination que les bœufs et les moutons. La consommation du veau n'est pas connue des indigènes, qui, ayant généralement peu de représentants de la race bovine, préfèrent vendre les produits comme taureaux ou vaches, après élevage complet.

Quant aux porcs, nous en avons quelques-uns dans nos postes; mais les indigènes n'en connaissent pas l'élevage, et le voisinage ou le contact de populations musulmanes leur ont inculqué une profonde aversion pour l'animal impur.

Le bétail est très inégalement réparti dans nos possessions soudaniennes; de plus, il est sujet à des épizooties terribles, dont la plus célèbre est celle de 1891; le fléau avait ravagé et presque complètement ruiné les contrées les plus riches en bestiaux. De nombreuses maladies, de caractère tantôt endémique, tantôt épidémique, font encore de grands ravages dans la race ovine.

Le bœuf est néanmoins assez répandu dans tout le Soudan, sauf dans la région Sud, qui tire une partie de sa subsistance de Foutah-Djallon et du Dinguiray ses voisins. Ce dernier pays était, il y a quelques années, peuplé de peuples pasteurs; ils ont émigré en grand nombre au Foutah, pour échapper aux exactions des chefs Toucouleurs, Aguibou et sa famille, qui les pressuraient à outrance.

Les autres régions se suffisent à elles-mêmes ou empruntent dans le voisinage immédiat les bœufs nécessaires à la consommation courante. L'Ouest et le Nord-Est écoulent même leur trop plein vers les rivières du golfe de Guinée par l'intermédiaire de Bougouni; l'exportation de ce fait a atteint 35,000 fr.

L'importation des bœufs est donc faible :

Région	Nord. . .	2.300 fr.
—	Nord-Est.	1.448
—	Sud . . .	10.490
	Total. . .	14.238 fr.

Le prix d'un bœuf varie de 60 à 100 fr., valeur en numéraire; il atteint 150 fr. à Bougouni dans les échanges en marchandises, le troc se faisant ordinairement contre des colas.

***

Les moutons se rattachent à trois races principales qui ont fourni des croisements en nombre indéterminé :

La race maure, haute sur pattes, à poil rare et court de toutes nuances, maigre, vivant de peu, s'accommodant comme fourrages de la végétation épineuse et peu substantielle des dunes sablonneuses.

La race malinkése, de petite taille, ronde et dodue, nettement caractérisée par un joli poil court et une robe pré-noire à grandes taches affectant quelquefois toute une moitié du corps, fournissant une chair souvent délicate, mais ayant besoin de grands soins comme nourriture et comme habitat.

La race du Macina probablement amenée de fort loin par des peuples pasteurs, de taille intermédiaire, surtout remarquable par son épaisse toison blanche, dont les peuples du Macina utilisent la laine pour la confection de couvertures très prisées dans le pays.

Comme pour les bœufs, la quantité considérable de moutons donne un superflu favorable à une importante exportation.

A côté des moutons se placent les chèvres, dont l'élevage se fait concurremment, et qui entrent pour une assez forte proportion dans la composition des troupeaux. On n'y rencontre pas de différences de races bien tranchées.

Les Maures sont les grands pourvoyeurs de moutons et de chèvres de toute la zone qui, depuis la frontière Nord prolongée par Bamako et Siguiri, s'étend sans limite vers la mer du Sud. C'est par nos postes du Sahel que se fait, dans le Soudan proprement dit, ce mouvement de 100.000 têtes de bétail en 1896, représentant 558,808 fr.

Les colas. — Divers produits indigènes.

S'il est un produit qui pourrait passer pour la monnaie d'échange universelle au Soudan, c'est bien la noix de cola. Contre de l'étoffe, contre des bœufs, contre le sel, contre toutes les denrées les plus nécessaires à l'existence, on troque ce fruit si précieux.

L'importation a atteint l'an dernier les chiffres suivants :

Kayes.	30.301 fr.
Région Nord . . .	181.724
— Nord-Est. .	248.486
Bougouni.	381.623
Région Sud. . . .	507.462
Total. . .	1.349.596 fr.

représentant 24 millions et demi de noix, d'un prix très variable à l'entrée, mais ne dépassant pas 16 fr. le cent, dans la région Nord où elles valent le plus cher. A Bougouni, au contraire, leur valeur ne dépasse pas 2 fr. 50.

Ce fruit doit surtout sa vogue à ses propriétés toniques, excitantes et anti-dysentériques. La saveur en est amère et peu agréable par elle-même, mais, après en avoir mâché une parcelle, l'eau que l'on boit paraît fraîche et agréable ; on lui prête aussi des propriétés aphrodisiaques.

Il y en a de toutes grosseurs, et de deux couleurs distinctes, blanc-jaunâtres ou roses ; ces dernières sont les plus estimées. Le prix au détail varie avec ces différents facteurs, depuis 0 fr. 025 jusqu'à 0 fr. 25.

Le cola sert d'emblème à toutes les cérémonies officielles ou domestiques : fiançailles, mariages, cadeaux, sépulture.

On l'emploie en justice pour faire prêter des serments aussi sérieux que ceux faits sur le Coran. Le voyageur en a toujours une petite provision sur lui, d'abord comme viatique pour sa route, mais aussi pour distribuer à son passage, et pour s'acquérir ainsi la bienveillance de ses hôtes.

Il est assez difficile, d'après les récits des voyageurs, de délimiter exactement les régions où le cola croît à l'état sauvage; dans beaucoup de lieux on en trouve de vastes plantations faites de mains d'hommes. En rapprochant les différents récits, il semble pourtant que ce végétal est aborigène, dans la région qui s'étend entre la ceinture montagneuse donnant le jour aux rivières du Sud et du golfe de Guinée, et la ligne de forêts denses qui sépare ces hautes vallées de la côte, « cette zone étant limitée au Nord et au Sud par le 11° et le 6°5 de latitude Nord ».

Cet arbre produit deux récoltes par an, de telle sorte que le commerce puisse en être continuel. Dans nos possessions actuelles, le Kissi seul produit assez de colas, pour qu'après la campagne 1892-1893, une partie de ce commerce d'échange ait été détournée à notre profit de la colonie anglaise de Sierra-Léone.

Le tabac indigène fait aussi l'objet d'un commerce assez considérable; on l'emploie surtout en poudre, pour priser et pour chiquer.

Pièce n° 5.

SITUATION ÉCONOMIQUE ET COMMERCIALE

DU CERCLE DE TOMBOUCTOU

M. Chaudié, gouverneur général de l'Afrique occidentale, a adressé à M. le Ministre des Colonies, plusieurs rapports sur la situation économique et commerciale du cercle de Tombouctou, dont nous extrayons les passages suivants :

Rapport de M. Vidal, percepteur de l'oussourou à Tombouctou sur la vente des tissus au Soudan.

La guinée revient à Kayes à 8 fr. la pièce et la toile à 12 fr. au maximum.

En calculant très largement on peut estimer le prix du transport à Tombouctou à 2 fr. 15 par pièce.

La guinée rendue à Tombouctou vaudrait donc :

8 fr. + 2 fr. 15 = 10 fr. 15.

La toile rendue dans la même ville :

12 fr. + 2 fr. 15 = 14 fr. 15.

Donc si un commerçant européen partant de Kayes avait à sa disposition :

1.000 pièces de guinée à 8 fr. . . . . . =	8.000	»
1.000 pièces de toile à 12 fr. . . . . . =	12.000	»
Soit un capital.	20.000	»

En ajoutant les frais qui seraient pour le transport des 2.000 pièces (pesant au total 2 t.) par ballots de 25 pièces = 25 kilog.

De Kayes à Bamako :

80 porteurs à 1 fr. par jour et pendant 25 jours.	2.000	»
De Bamako à Koulikoro : environ. .	500	»
De Koulikoro à Kabara :		
2 t. à 0 fr. 15 par kilomètre, soit pour 825 kilom.	247	50
De Kabara à Tombouctou : environ.	500	»
Intérêt de 5 0/0 pendant un an et sur les 20.000 fr	1.000	»
	24.247	50

La guinée et la toile se vendant à Tombouctou à un prix moyen de 30 fr. la pièce, ce serait un bénéfice de :

2.000 p. × 30 fr.	60.000	»
Achat et frais.	24.347	»
Soit.	35.653	»

qu'il pourrait réaliser sur un petit approvisionnement de tissus seulement.

Il est à remarquer que dans les frais de transport nous n'avons pas fait ressortir le cas où l'on se servirait de voitures Lefebvre dont l'usage revient à bien meilleur marché que l'emploi des porteurs.

Voici, à titre de renseignements la liste des diverses marques qui paraissent jouir de la faveur des indigènes :

Guinée bleue, marque Savannah de Pondichéry ;
Guinée bleue, marque Carel de Lyon ;
Toile blanche, — J D C;
— — M et H F;
— — D et G E;
— — Amburgo-Manchester.

Toutes les marques de la maison Carel et Cie de Lyon apportées à Tombouctou par M. Mery ont été enlevées en moins d'un mois à des prix supérieurs à ceux des autres marques. Les tissus de cette maison ainsi que les soieries de Lyon sont très recherchés des indigènes.

Il serait à souhaiter que les commerçants français imitassent l'exemple des fabricants lyonnais qui ont renouvelé leurs procédés de fabrication et qui savent toujours répondre aux goûts divers et changeants des consommateurs.

Mouvement des caravanes.

Les importations se répartissent comme suit :

I. — VOIE SÉNÉGALIENNE

1° Importations françaises :

977	pièces de guinée bleue	19.540 »
222	— de toile blanche	6.990 »
236	kilog. de sucre	1.180 »
15	— de thé vert	750 »
»	diverses	150 »
	Total	28.610 »

2° Importations étrangères :

1.200 pièces guinée bleue	30.000 »
91 — toile blanche	2.275 »
53 — sucreton	2.650 »
10 — étoffe rayée fantaisie	1.000 »
» diverses	2.550 »
Total	38.475 »

II. — VOIE SAHARIENNE

1° Marchandises étrangères :

240 pièces de toile, dite « Américaine »	7.200 »
1.853 pièces cretonne blanche	46.325 »
156 — basin	3.120 »
550 — pékin rayé coton	8.250 »
299 — indienne couleurs	2.990 »
53 kilog. 150 soie	7.972 50
4 — 500 d'ambre	450 »
Total	76.307 50

2° Produits indigènes :

2.170 3/4 barres de sel	75.976 25
400 kilog. de tabac	8.000 »
1.600 coquillages parure	320 »
Total	84.296 25

III. — PRODUITS DU MOSSI.

54.870 kolas	8.230 50
546 pagnes	5.460 »
1.013 bandes de coton	10.130 »
146 turbans noirs	2.120 »
28 boubous	1.680 »
49 écheveaux coton rouge	294 »
310 kilog. piments	775 »
904 pioches en fer	904 »
Total	29.593 50

Le capitaine Ronget, commandant le cercle de Tombouctou, a joint aux rapports de M. Vidal les observations suivantes :

I. — CONDITIONS DU MARCHÉ DE TOMBOUCTOU.

Il y a lieu d'insister sur la grande quantité de guinée bleue importée dans le pays.

J'estime que le marché de Tombouctou, en l'état actuel, peut absorber annuellement sans pléthore 50.000 pièces de guinée bleue ; Tombouctou, en effet, quoique bien déchu, est encore un grand entrepôt pour les nomades qui emploient presque exclusivement la guinée bleue pour la confection de leurs vêtements.

J'appellerai aussi votre attention sur le commerce des étoffes de luxe, telles que : tissus de soie ou mélangés de soie de couleurs voyantes, basin damassé, qui sont très demandées sur le marché de Tombouctou où elles atteignent des prix très rémunérateurs. Un commerçant français, M. Méry, avait importé quelques coupons de soie qui ont été enlevés en très peu de jours, au prix de 10 à 11 fr. le mètre. Je n'ai pu me procurer d'échantillons de ces étoffes, mais cette soie m'a paru analogue aux coupons qui se vendent de 3 à 3 fr. 50 le mètre dans les grands magasins du « Bon Marché » ou du « Louvre ».

Un article pouvant également donner des bénéfices considérables sur le marché de Tombouctou est la soie à broder dont je vous adresse deux écheveaux comme échantillon. Cette soie se vend couramment 100 fr. le kilogramme.

Une bonne proportion comme couleurs à choisir serait d'avoir moitié blanc et le reste réparti en soie rouge, soie verte, soie jaune, cette dernière en plus faible proportion que les deux autres.

La coutellerie à bon marché (particulièrement les ciseaux et les rasoirs) est demandée sur la place de Tombouctou. La bimbeloterie, par exemple, de vente facile, les glaces, un peu grandes qui se vendent assez cher ; j'ai vu vendre 50 fr.

une glace de 35 centimètres sur 50 cent., dont le cadre en bois noir était assez ordinaire.

Le sucre se vend 10 fr. et le thé 50 fr. le kilogramme.

Les grosses perles de couleur voyante en celluloïd, les perles en cuivre doré sont de bonne vente et pourraient être importées avec avantage.

Les ustensiles de ménage en fer émaillé, cuvettes pour servir de plats, bouillottes, soit pour faire le thé, soit pour transporter de l'eau, soit pour les ablutions, se vendent également assez bien.

En revanche, aucune des provenances de Tombouctou, ne me semble, pour le moment, en dehors du sel exporté sur le Soudan, devoir donner lieu à un commerce rémunérateur.

La gomme, qui autrefois était l'objet d'un grand commerce, quoique très belle et très abondante sur le marché de Tombouctou, ne peut pas, avec les prix de transport demandés pour les pirogues, être exportée sur les comptoirs du Sénégal.

La belle gomme, en effet, est payée 15 centimes le kilogramme à Tombouctou et 50 centimes à Médine. Elle devrait se vendre 1 fr., c'est-à-dire le double, pour laisser un bénéfice appréciable au marchand qui tenterait cette opération.

L'or, autrefois, tenait également une place très importante dans les exportations de Tombouctou ; il provenait de la région du Haut-Niger ; actuellement il n'en arrive plus.

L'ivoire est également très rare ; il provient de la boucle du Niger.

Le caoutchouc existe bien dans la région, mais aucune étude n'en a été faite et il serait prématuré d'en parler.

II. — VOIES COMMERCIALES.

La voie la plus suivie actuellement par le commerce pour l'importation des guinées, toiles et objets de provenance européenne est la route de Mogador (souera des indigènes), Trudouf, Tombouctou.

Cette route est un peu plus longue que celle de Saint-Louis à Tombouctou, mais elle présente pour les importateurs, presque tous négociants marocains, des avantages considérables.

Elle est organisée à leur usage. A chacune des extrémités, à Tombouctou, et dans la région de l'Oued-Nouën, ils ont des biens, des parents ou tout au moins des correspondants qui peuvent agir commercialement pour eux.

Actuellement ces marchands, tant à Saint-Louis que dans les comptoirs du Sénégal n'obtiendraient que difficilement un crédit ou une avance de marchandises suffisante, et ensuite, ils auraient beaucoup de peine à couvrir leurs échéances sur ces places.

Au contraire, ils opèrent facilement leurs renvois de fonds de Tombouctou à Mogador par le retour des caravanes, au moyen d'argent monnayé, de quelques d'autruche, d'un peu d'ivoire et aussi, en trompant notre surveillance, de captifs provenant du Soudan oriental.

Malheureusement Mogador est très mal approvisionné en produits de marques françaises. Les marchands de Tombouctou, qui les recherchent pour éviter de payer à l'entrée des droits d'oussourou considérables, ne peuvent pas s'en procurer.

Dernièrement l'un d'eux, Béchir-Ould-Aledi, malgré ses efforts, n'a pu trouver sur cette place qu'un peu de sucre des raffineries de la Méditerranée et pas une seule pièce de guinée française.

Il y aurait lieu d'engager les chambres de commerce des principaux ports de France à envoyer à Mogador un représentant sérieux et un approvisionnement de marchandises françaises dont la vente serait bientôt assurée.

A l'avenir, ainsi que plusieurs marchands marocains me l'ont demandé, je donnerai à tous ceux qui partiront de Tombouctou pour aller à Mogador, une lettre de recommandation pour le Consul de France, dans le but de leur faciliter l'achat de marchandises françaises.

Les marchandises demandées à Mogador sont principalement la guinée bleue, la toile des Vosges, le sucre, les étoffes de luxe, soieries, basin, cotonnades, indiennes, bimbeloteries, etc.

Quoique la voie de Mogador-Tombouctou soit pour longtemps encore la principale route suivie, je dois constater qu'un certain mouvement commercial se produit depuis deux mois sur la route de Médine à Tombouctou.

Plusieurs marchands maures sont arrivés à Tombouctou avec de forts approvisionnements de guinée bleue et quelmarchandises.

VUES

DE

Saint-Louis — Rufisque — Dakar

D'APRÈS LES PHOTOGRAPHIES

de

MM. **HOSTALIER**, photographe à Saint-Louis,

MERWART, peintre du Ministère des Colonies,

SCHMITT, délégué de l'Industrie textile.

Notice

Dans les gravures qui suivent, nous avons cru devoir présenter surtout des vues de Rufisque, ce port étant appelé à devenir à bref délai, le centre commercial le plus important du Sénégal, comme Dakar en sera le port militaire.

Le chemin de fer Decauville qui circule à travers ses rues aboutit à l'appontement qui s'avance de 200 mètres dans la mer, pour faciliter le chargement des bateaux en partance pour l'Europe ou pour les autres parties du monde.

Rufisque est la station la plus importante du chemin de fer de Dakar à Saint-Louis.

Le Pont Faidherbe à Saint-Louis, (époque de la construction).
Vue de l'arche mobile donnant passage aux navires circulant sur le fleuve
le « Sénégal ».

Type de la maison de commerce européenne à Saint-Louis du Sénégal.

Une des grandes rues de Saint-Louis.

Petit bras du Sénégal à Saint-Louis.
Lieu de chargement du mil à destination des étapes de traite sur le fleuve.

Le Cercle des négociants à Rufisque.

Maisons de commerce à Rufisque et leurs dépôts d'arachides.

Une rue de Rufisque.

Rue centrale de Rufisque.
Transport des marchandises au lieu d'embarquement.

L'appontement de Rufisque au moment de la traite des arachides.

Appontement de Rufisque.

L'entrepôt de Rufisque.

Jetée de Dakar.

TABLE DES MATIÈRES

TABLE DES MATIÈRES

DEUXIÈME PARTIE

TROISIÈME PARTIE

QUATRIÈME PARTIE

LE SOUDAN

PIÈCES ANNEXÉES

Paris. — E. KAPP, imprimeur, 83, rue du Bac.

CHAPITRE X. – ÉTAT des produits de la Colonie exportés bureau par bureau pendant l'Année 1896.

DÉSIGNATION DES PRODUITS EXPORTÉS	NATURE DES UNITÉS	PRIX PAR LA MERCURIALE	SAINT-LOUIS Poids.	SAINT-LOUIS Autres unités.	SAINT-LOUIS Valeurs.	DAKAR Poids.	DAKAR Autres unités.	DAKAR Valeurs.	RUFISQUE Poids.	RUFISQUE Autres unités.	RUFISQUE Valeurs.	NIANING Poids.	NIANING Autres unités.	NIANING Valeurs.	JOAL Poids.	JOAL Autres unités.	JOAL Valeurs.	FOUNDIOUGNE Poids.	FOUNDIOUGNE Autres unités.	FOUNDIOUGNE Valeurs.	CARABANE Poids.	CARABANE Autres unités.	CARABANE Valeurs.	TOTAUX Poids.	TOTAUX Autres unités.	TOTAUX Valeurs.
Bestiaux d'espèces bovine	franc	suivant facture	.	.	.	.	.	.	.	.	.	.	.	.	.	.	.	.	.	.	720	.	700	720	.	700
Bestiaux d'espèces caprine et ovine	—	—	.	.	.	.	.	.	85	4	31 50	.	.	.	.	.	.	.	.	.	412	12	102	497	106	136 50
Bestiaux d'espèces porcine	kilogr.	0 fr. 50 le kilogr.	.	.	.	.	.	.	.	.	.	.	.	.	.	.	.	.	.	.	241	.	120 50	241	.	120 50
Volailles	franc	suivant facture	.	.	.	.	.	.	.	.	.	.	.	.	.	.	.	.	.	.	4	.	5 00	[illegible]	.	5 50
Animaux non dénommés éléphants, chevaux	...	—	2.450	40	[illegible]	165	7.000	3.871	3.011	9.300	13.100	195	190	770	.	.	.	.	.	.	.	.	.	4.095	17.990	19.700
Animaux non dénommés autres	..	..	.	.	.	221	.	400	931	.	2.400	.	.	.	.	.	.	.	.	.	.	.	.	1.171	.	2.800
Peaux brutes de boeufs de l'Assamance	kilogr.	50 fr. les 0/0	.	.	.	.	.	.	1.718	.	1.871	.	.	.	.	.	.	.	.	.	300	.	151 50	1.137	.	2.024 50
Peaux brutes de boeufs autres		40 fr. les 0/0	100	.	35	10.201	.	4.211 05	.	.	.	.	.	.	.	.	.	.	.	.	.	.	.	10.301	.	4.061 80
Peaux brutes de moutons et de chèvres	unité	0 fr. 56 l'unité	.	.	.	1.191	1.281	650 30	1.150	250	135	.	.	.	.	.	.	.	.	.	.	.	.	2.341	1.531	785 30
Pelleteries brutes de toute sorte	franc	suivant facture	10	.	80	.	.	.	10	.	100	.	.	.	.	.	.	.	.	.	.	.	.	20	.	180
Plumes de parure et oiseaux empaillés	—	...	161	.	16.035	2.600	.	30.476	9.298	.	77.180	.	.	.	.	.	.	832	.	7.950 00	.	.	.	12.111	.	142.191 40
Cire clarifiée	kilogr.	250 fr. les 0/0	.	.	.	101	.	400	.	.	.	.	.	.	.	.	.	.	.	.	1	.	64	[illegible]	.	[illegible]
Cire mi-nette		200 fr. les 0/0	.	.	.	.	.	.	35	.	98	.	.	.	.	.	.	.	.	.	646	.	1.000 90	911	.	1.099 90
Cire brute		90 fr. les 0/0	.	.	.	3.500	.	2.878	.	.	.	.	.	.	.	.	.	.	.	.	.	.	.	3.500	.	2.878
Vessies natatoires	franc	suivant facture	1.305	.	721	.	.	.	.	.	.	.	.	.	.	.	.	.	.	.	.	.	.	1.305	.	721
Dents d'éléphants	kilogr.	900 fr. les 0/0	652	.	7.075	135 75	.	1.230	9 5	.	35	.	.	.	.	.	.	.	.	.	80	.	841	1.111	.	9.151
Pain sel	..	13 fr. les 0/0	.	.	.	3.000	.	185	.	.	.	.	.	.	.	.	.	.	.	.	20	.	9 25	3.020	.	203 45
Riz en grains	..	27 fr. les 0/0	.	.	.	.	.	.	.	.	.	.	.	.	.	.	.	.	.	.	300	.	54 60	306	.	54 60
Riz en paille		5 fr. les 0/0	461	.	13 20	.	.	.	.	.	.	.	.	.	.	.	.	.	.	.	.	.	.	461	.	13 20
Noix de coco	unité	0 fr. 25 l'unité	15	30	7 50	.	.	.	.	.	.	.	.	.	.	.	.	.	.	.	.	.	.	15	30	7 50
Amandes de palme	kilogr.	15 fr. les 0/0	.	.	.	22.265	.	3.398 45	.	.	.	.	.	.	.	.	.	.	.	.	325.800	.	[illegible]	348.071	.	[illegible]
Arachides en coques Rufisque et Cayor		15 fr. les 0/0	[illegible]	.	[illegible]	33.047	.	4.958 10	47.981.300	.	7.196.695 20	.	.	.	.	.	.	.	.	.	.	.	.	[illegible]	.	[illegible]
Arachides en coques Petite Côte	...	14 fr. les 0/0	.	.	.	.	.	.	.	.	.	2.716.450	.	380.305 30	1.042.000	.	150.385 75	8.321.100	.	1.165.118 27	.	.	.	[illegible]	.	[illegible]
Arachides en coques Casamance		8 fr. les 0/0	.	.	.	1.923	.	153 84	.	.	.	.	.	.	.	.	.	.	.	.	608.945	.	48.700 90	610.868	.	[illegible]
[illegible]	franc	suivant facture	.	.	.	12.805	.	1.640	6.356	.	505	.	.	.	.	.	.	.	.	.	.	.	.	19.161	.	2.145
Huile de palme	kilogr.	100 fr. les 0/0	.	.	.	.	.	.	.	.	.	.	.	.	.	.	.	.	.	.	250	.	250 30	250	.	250 30
Huile de touloucouna	franc	suivant facture	.	.	.	.	.	.	.	.	.	.	.	.	.	.	.	.	.	.	1	.	1	1	.	1
Gommes dures Bas du Fleuve	kilogr.	95 et 100 fr. les 0/0	[illegible]	.	1.779.185 30	.	.	.	.	.	.	.	.	.	.	.	.	523	.	501 55	.	.	.	[illegible]	.	[illegible]
Gommes dures Galam et Cayor	—	75 et 80 fr. les 0/0	511.968	.	153.679 40	5.338	.	3.135 70	1.400	.	100	.	.	.	.	.	.	319	.	191 10	.	.	.	[illegible]	.	[illegible]
Gommes dures Médine	—	100 fr. les 0/0	231.176	.	259.910 20	.	.	.	.	.	.	.	.	.	.	.	.	.	.	.	.	.	.	231.178	.	259.910 20
Gommes friables	...	20 fr. et 30 fr. les 0/0	45.079	.	17.869 10	.	.	.	.	.	.	.	.	.	.	.	.	.	.	.	.	.	.	45.079	.	17.869 10
Gommes marrons		10 fr. les 0/0	13.698	.	1.369	.	.	.	.	.	.	.	.	.	.	.	.	.	.	.	.	.	.	13.698	.	1.369
Gommes baquaques		5 fr. les 0/0	29.362	.	1.468 10	.	.	.	.	.	.	.	.	.	.	.	.	.	.	.	.	.	.	29.362	.	1.468 10
Colle de poisson	franc	suivant facture	141	.	198	.	.	.	.	.	.	.	.	.	.	.	.	.	.	.	.	.	.	141	.	198
Bois d'ébénisterie			.	.	.	980	.	68	.	.	.	.	.	.	.	.	.	.	.	.	.	.	.	980	.	68
Caoutchouc	kilogr.	700 fr. les 0/0	6.961	.	21.190	[illegible]	.	391.177 65	6.661	.	[illegible]	.	.	.	.	.	.	.	.	.	91.110 20	.	61.813 75	187.144	.	[illegible]
Tourteaux		5 fr. les 0/0	.	.	.	2.300	.	75	.	.	.	.	.	.	.	.	.	.	.	.	.	.	.	2.300	.	75
Or brut de Galam		3 fr. le gramme	48.150	.	145.351	.	.	.	.	.	.	.	.	.	.	.	.	.	.	.	.	.	.	48.150	.	145.351
Or brut du pays		1 fr. 20 le gramme	3.065	.	3.730 50	.	.	.	.	.	.	.	.	.	.	.	.	.	.	.	.	.	.	3.065	.	3.730 50
Argent brut, ouvrages dérivés		0 fr. 10 le gramme	11.425	.	1.142 50	.	.	.	.	.	.	.	.	.	.	.	.	.	.	.	.	.	.	11.425	.	1.142 50
Tissus indigènes, pagnes	franc	suivant facture	.	.	.	.	.	.	50	.	195	.	.	.	.	.	.	.	.	.	.	.	.	50	.	195
Jus de citron		..				365		235													62	.	36	367	.	271
Huile d'arachides		—																			248	.	841 25	302	.	862 25
Vannerie																					81		12	81		12
Crins non égrenés	kilogr.	15 fr. les 0/0																[illegible]		150 50	.			[illegible]		150 50
Charbon de bois		10 fr. les 0/0																			27		2 70	27		2 70
Objets de collection	franc	suivant facture	515		2.110	9.198 20		11.061 50	192		40.055							[illegible]		[illegible]	55		65	10.173		81.483 07
Légumes secs	kilogr.	20 fr. les 0/0																			170		34 20	170		34 20
Vin de Gambie																					21		21 30	21		21 30
Calebasses vides	franc	suivant facture																			1.061		661 25	1.061		661 25
Ouvrages en bois des naturels																					1		1	1		1
Feuilles de [illegible]	kilogr.	5 fr. les 0/0				115		5 75																115		5 75
Total général de l'Année			[illegible]		3.960.153 15	[illegible]	.	[illegible]	[illegible]	.	[illegible]	[illegible]	.	380.555 20	1.042.000	.	150.385 75	[illegible]	.	[illegible]	[illegible]		[illegible]	[illegible]		[illegible]

www.ingramcontent.com/pod-product-compliance
Lightning Source LLC
Chambersburg PA
CBHW071937160426
43198CB00011B/1432

* 9 7 8 2 0 1 3 7 1 3 3 5 1 *